文章之韵

韩浩月教你写出好作文

韩浩月 著

中国工人出版社

图书在版编目（CIP）数据

文章之韵：韩浩月教你写出好作文 / 韩浩月著.
—北京：中国工人出版社，2022.4
ISBN 978-7-5008-7901-5

Ⅰ. ①文… Ⅱ. ①韩… Ⅲ. ①作文课－高中－升学参考资料 Ⅳ. ①G634.343

中国版本图书馆CIP数据核字（2022）第041720号

文章之韵：韩浩月教你写出好作文

出 版 人　王娇萍
责任编辑　葛忠雨
责任印制　黄　丽
出版发行　中国工人出版社
地　　址　北京市东城区鼓楼外大街45号　邮编：100120
网　　址　http://www.wp-china.com
电　　话　（010）62005043（总编室）　62005039（印制管理中心）
　　　　　（010）62379038（社科文艺分社）
发行热线　（010）62383056　82029051
经　　销　各地书店
印　　刷　北京美图印务有限公司
开　　本　880毫米×1230毫米　1/32
印　　张　8.5
字　　数　155千字
版　　次　2022年4月第1版　2022年4月第1次印刷
定　　价　48.00元

自序

年轻就应该激动

在上一本书《万物皆有光：以文化洞察世间万象》出版之后，我数次回想自己的写作之路。

少年时是一名诗歌爱好者，青年时学习把写诗的句子拉长，变成所谓的散文，随后给青春类杂志写了大量美文，进入中年后转战媒体圈做评论员，然后把这份“职业”一直做到了现在。

现在有了一个新的想法，是成为一名小说家，虽然实现起来比较慢、比较困难，但在写作上有了新追求，还是会让人激动。是的，写了20多年的文章，仍然还可以有“激动”的心态，对于一些从事这个行业的人来说，是幸运的。

写了40多年的村上春树，跑步、听音乐、喂猫，目的都是获取一份内心的平静，他那么致力于让自己维持一个淡定的状态，就是为了在写作时可以激动起来。如果写作不激动，那还有什么动力与愉悦可言，保持激动就是保持年轻，而唯有年轻的心态，才会促使一名写作者不断地走下去。

每年的六月份，我都会“重返年轻”，因为在这个高考的季节，我都会与上千万考生一起，来写作当年的高考作文题。我很喜欢这个时刻，甚至可以说，会带着点激动的心情盼望这一刻，会擦干净桌子，剪干净指甲，把灯光拧到最亮，来完成每年一度的“命题作文”。

以成年人的身份来写高考生的作文，会偶尔被嘲笑“青春期过长”。说实话，我并不太了解这些年来年轻人是怎么想的，他们的生活是什么样子，他们对作文乃至写作是什么态度，我是在用写高考作文的方式，来揣摩他们的世界，也想通过表达自己的世界，来实现与他们的一次“接壤”。

我的高考同题作文，难以避免地带有20世纪70年代这代人的审美，总想表达语文之美，把文字的芬芳榨出来，在文字里融入一些思辨性，也总想尝试用简单与清新来解读复杂与混浊。写高考作文为我提供了这样一个带有仪式感的渠道，我觉得，这样的写作每进行一次，自己的心仿佛就被清洁了一次。

这本书收录的文章，高考同题作文的部分，大多数是在媒体上刊发过的；收入语文试卷的部分，是我平时留意保存下来，以及通过搜索引擎搜出来的，还有一部分可以收入此辑的文章，因为找不到考卷出处，只好遗憾地放弃。

另外，有些文章我觉得有参考价值，但却没有被收入语文试卷，因此也没有选入。被选入的这些文章，因写于不同年份，风格有所差异，但我想，要尊重出卷者的眼光与逻辑，他们选这些文章入试卷，总是会有自己的充足理由的。

本书最后一辑的“高考作文十讲”，是我把私人写作经验结合高考作文这个话题，进行了一次“碰撞”，希望它们能给高考生带来帮助或启发。如果书中的一篇文章、一个观点或者一个句子能让你有“灵光一现”的收获，就是我最大的欣慰。

这仍然是一本文学书，我期望它在被放上书架时，可以被归类于“文学”这一行列。当然，如果既能帮助你提高一点高考作文的分数，又能有一些文学层面的启发，这最好不过。

六月份，咱们一起“考场”上见，我准备好了，你呢？

韩浩月

写于2021年11月30日

目录

第一辑 记录与观察

2022年有可能成为高考作文题的热点话题

第二辑 探寻与呈现

2010—2021年高考部分同题作文

第三辑 回忆与沉思

被收录进语文试卷的代表作品

第四辑 随感与总结

高考作文写作的私人经验

第一辑 2022年有可能成为高考

作 文 题 的 热 点 话 题

记录与观察

在人世间，
身心俱安地活着

关键词：人世间。

改编自梁晓声同名小说的电视剧《人世间》，成为虎年春节期间最受关注的荧屏作品，随着58集《人世间》的剧终，春节好像才真正结束。这部剧吸引了老、中、青三代人的注意力，对于年轻人来说，这部剧最大的价值，不仅在于从中可以看见祖辈、父辈的真实生活，更在于可以从中感受到一份难得的家国情怀。

《人世间》以1969年春节周家人分赴各地为开篇，用光字片、西南大三线、兵团、贵州大山这四个地点的变化穿插进行叙事。在中段故事当中，以周家小儿子周秉昆为核心，展开叙述了周家人的悲欢离合以及“六小君子”的友情故事。而最后一集大结局，很容易看到故事的落脚点放在了周家长子周秉义身上。

就全剧概貌来看，《人世间》在开篇时拥有一定的“上帝视角”，只是在这一视角构成中，“宏大叙事”如空中云层，完成历史定义的任务之后就不断隐居其后。大部分剧情中，“由大到小”和“由小见大”的缩放式表达，使《人世间》拥有了较为自由和灵活的讲述空间。在周秉义、周蓉考上大学之后，人物的命运感在变弱，“时代强音”开始凸显并左右剧作气质。但这个故事的“平民史诗”成色已定，观众已经与角色建立了感情联系，重点也放在了他们身上。

最后一集中，周秉义与姚立松偶遇于由原兵团建筑改造的高级酒店。两人谈话时，周秉义谈的内容可以当成《人世间》最后的点睛之笔。周秉义说的话有两个关键词，一是“干净”，二是“良心”。这两个关键词，呼应了周秉昆身上鲜明的“好人”标签，共同组成了《人世间》的价值观表达。

王海鸰对《人世间》进行的电视剧改编和梁晓声的同名小说最核心的地方是一致的，都是在讲“好人文化”。“干净”和“良心”则是附加议题，这也是在周秉昆入狱前后有七八集，部分观众吐槽剧情不再那么精彩的深层次原因所在——当周秉昆这一角色的戏份大幅度减少时，围绕“好人文化”的叙事点，也便失去了足够的支撑力，周边角色的感染力自然也会随之降低。当周秉昆出狱后，《人世间》剧情又迅速回到正轨上，催人落泪的情节再次多了起来。

周秉义所说的“干净”与“良心”，自然是周秉昆身上的高尚品格，但周秉义最后把这两个关键词说出口，显然不是为了表扬弟弟，也不是为了批评姚立松。这两个关键词作为这位剧中退休高官的期望，不仅是针对剧中所有人的，也是他借助屏幕交付给观众、社会的一道思考题。哪怕周秉义在叙说时使用了那么一点演讲的口吻，但整体表述，确实很容易激发观众进行时间线上的纵向对比，引起不同程度的感慨。

乔春燕与曹德宝在最后几集被“黑化”，比如去周秉昆家讹房子，写信诬告周秉义，是《人世间》这部被定义成“没有坏人”的电视剧里，少有的一次狰狞乍现。虽然乔春燕与曹德宝很快意识到错误并悔改，但这一篇幅并不多的情节，还是展现出物质和金钱对人际关系的撕裂。剧中光鲜亮丽的“吉春市”今非昔比，然而有些事情早已物是人非。或是为了弥补剧作留下的一些感伤和遗憾，在剧终之后，剧组推出了一条“平行时空对话”视频，主要演员向剧中角色表达祝福，这也是对观众内心失落的一种慰藉。

作为剧中最大的好人、近乎完人的周秉昆，却是剧中唯一一个两次进过监狱的人，尤其是第二次进监狱，更是让不少观众发出“好人没好报”的感叹。从过去时代走过来的人，对“好人没好报”这样的说法非常熟悉，也最容易为之愤慨。《人世间》冒着让观众“堵心”的风险如此讲述，一方面是对过去的一种真实进行记录和反映，另一方面确实更能折射出小人物的无奈。

周父虽然是工人，但是培养出了一名市委书记兼市长周秉义和一名大学教授周蓉，这两个角色事实上承担起了《人世间》“知识分子叙事”的责任。虽然比起周秉昆承担的“小人物叙事”含蓄了许多，但是依然能让人觉察到出于文化层面的忧虑。这种忧虑并没有过多体现于剧情当中进行透彻的表达，更多时候是作为一种底色存在于角色性格与台词背后，没有对“小人物叙事”形成干扰，但有心的观众依然可以体会到一种向上向好的文化愿望。

全剧终之后，再回想《人世间》的剧情，人们会发现有许多情节与画面给人留下深刻的印象，比如周志刚与周秉昆“中国式父子”的沟通与冲突，周秉昆与郑娟在鸡毛蒜皮生活中的相濡以沫，“周家三子女”完全不一样的性格，酱油厂“六小君子”后来截然不同的人生际遇……在个人努力与时代影响之间，《人世间》给出了一个真实的答案——个人努力固然重要，但能跟上时代变迁的脚步，才不会被大潮打翻、淹没。

当然，《人世间》重在表达人间烟火，在个体、时代、生活三者之间，剧作着重表达的是生活信仰，它由“家庭、亲情、友情”以及“柴米油盐酱醋茶”等琐碎日常组成。有了生活信仰，无论身处哪个时代，人们才有了颠扑不破的理想与追求，并坚持按照不容污损的美德标准朴素地活着，才能够实现人存在于世间的身心俱安。

故乡的
地址与种子

关键词：回乡过年。

2022年是被新冠肺炎疫情影响的第三个年头，在临近春节的时候，诸多省份与城市提倡“就地过年”。但国家相关部门也提出，对于有回乡过年愿望的人，疫情管理不应“一刀切”。这篇文章即是在这种背景下完成的。

故乡不远，距离我居住的外省大约七百千米，开车走高速，八个多小时即可到达。今年女儿学校寒假放得早，因此可以赶在春运之前返回老家，准备过年。

我常年居住在北方，家乡在地理位置上属于北方，但在气候上也有南方的特点。据说因为全球气候变暖，让我老家这些年更像南方了。我小时候的记忆里，县城里是看不到绿色植物的，而现在冬天的小城里，道路两边绿葱葱的灌木却不少。

每次返乡，我导航设置的目的地都是家乡的汽车站。县城的老汽车站早已迁移了，但还是可以搜索到“老汽车站”的地址。之所以选择这个地址，是因为这个地方我曾经非常熟悉。另一个原因是，汽车站对于游子来说，总是有着别样的意义。它曾是出发的地方，也当是归来的终点。

老汽车站虽然已经没有了，但北街的商铺却几乎没变，二十年前就有的“羊老大羊肉汤”等门脸，还能看出当年的模样。店里还像以前一样，到处都油腻腻的。点上两碗羊肉汤，炒上一盘豆芽菜，再要上几张面饼，吃到嘴里，还是以前的味道，没有任何改变。果然，有一个说法是有道理的——故乡就生长在一个人的味蕾之上。

去看望叔叔们，这几年，因为县城拆旧建新，三个叔叔原来居住的地方都已被拆迁，而新楼暂时还没建起来，他们分别租住在不同的地方。就算他们的家没有改变住址，过去返乡过年的时候，我也总是找不到他们的家门，需要一个兄弟坐在我车上帮忙带路，才会节省时间，尽快找到他们。离家太久，我对这个县城的主要街道还有印象，但一些巷子、小区的名字，还有门牌号码等，已经陆陆续续地在记忆中淡去了。

二叔租住在“农业银行家属院”的某栋楼里，我用导航搜索这个家属院的名字，结果地图上没有收录。我打电话给二弟，二弟说，过了“西联中”之后，往东再过了“刘巷”的红绿灯，往前两百米看见“郯中商场”右转，进了巷子往里再走两百米就到了。这一连串的地名在脑海里回荡，很显然，我根本没法记住。我给二叔打电话，最后约定他走到马路边等我，我边开车边搜索他的身影。十多分钟后，叔侄二人见了面，在马路边聊了一会儿，二叔把我送他的茶与酒抱上电动车回家了。

从二叔口中得知，五叔正在不远处的“郯中商场”摆摊做生意，我马上给五叔打了电话。他告诉我，商场南门封住了，要从南门东边的小巷进来，走到最北头的时候，转弯再进商场里，他就在商场北端的东侧。这一系列与地址和方向有关的描述，立刻让一向有点路痴的我晕头转向，只得硬着头皮往里走。在走了几百米，打了三次电话后，终于和五叔接上了头。

我和六叔的见面也是如此，颇费周折。好在六叔会微信发送定位，把他租住的小区地址发给了我。但因为疫情管控，小区不让外地牌照的车进入，六叔和我约好在门口见。在去找他的路上，他又发来一个饭馆的地址，说快中午了，一起吃个饭。我说饭就不吃了，您在原地不要动，不然我又找不到了。我在路边停车，远远地看见小区门口坐了一个人，一打电话，果然是六叔。

我和三个叔叔的见面，都是在路边进行的，这是以前没有过的事情。以前走亲戚，无论怎样都是要在家里坐一会儿的，茶喝不喝的不重要，但要进门、认门，不然的话时间久了，真有可能找不到门在哪里了。在故乡的文化当中，一个人不知道亲戚的门朝哪个方向开，是很不礼貌的。

老县城在二十年前只有一条纵着的主街道，几条横着的辅街道，各家单位分布明确，闭着眼睛也能知道走到哪儿了。这些年旧城改造、新城东移，让县城的格局发生了很大的变化。有一天，我专门开车绕道经过少年时最爱去的电影院，结果发现一大片遮天蔽日的广告牌和条幅，把老电影院遮盖得严严实实，门脸已经完全看不到了。要知道，电影院过去是最繁华的县城中心地带。

在亲戚走得差不多的时候，我会带女儿到电影院这一带走走，告诉她，爸爸曾在这儿看电影、打台球、玩电子游戏，在这里度过了二十世纪八九十年代。她无论对这儿的历史，还是对当下既嘈杂又有生活气息的环境，都颇为感兴趣。当然最感兴趣的，还是附近的一条小吃街。每当夜幕降临的时候，小吃街灯火通明，多种家乡美食各点一份，让胃得到足够的满足。

在女儿的心中，已经有了一颗故乡的种子。她出生在外省，却有着一个属于故乡的胃。不得不佩服基因的神奇，除了不会说故乡的方言，她喜欢这里的一切美食和自然环境。她在融入这里的时候，也显得十分融洽。再过十年，当她大学毕业、长大成人之后，也许不再需要我的带领，她自己就能够循着已经走了无数遍的回乡之路，找到这片与她有着千丝万缕联系的故乡了。

与朋友聚会的时候，朋友把几天前准备好的两包种子送给了我，这是一份非常特别的礼物。在把牛皮纸信封裁成两半之后，朋友分别在信封上写下了这样的留言，一封是“黑色的为晚饭花，俗名粉豆花、紫茉莉，多为黄色，间有粉红。另一种是南瓜籽”，另一封是“葫芦（食用），尖嘴的是。圆粒黑籽的，是秋葵，忒能结”。朋友留在信封上的这两行字，我反复看了好几遍，觉得他写在信封上的，是诗。

我给阳台上两个不用的大花盆松了土，把信封里的种子悉数埋了进去，并浇了一次透水，希望来年再返乡的时候，花盆里要么枝叶葳蕤，要么姹紫嫣红。从此，我的心里又多了份牵挂，牵挂故乡家里阳台上的植物们是否生长得好。

每个离乡的人，其实都是一粒被寄出的种子，故乡是发信地，远方是收信人。那粒种子或许在远方落地生根发芽，或许一直等待着机会重新回到熟悉的土壤中再苏醒过来，长成一棵故乡的植物。

无论怎样，故乡都是出发地，是难以忘记的地址，是生命里最重要的一个门牌号码。

我们为什么总被农民父亲的形象打动？

关键词：卖瓜父亲。

2021年7月的一个凌晨，一位坐在郑州街头马路边卖西瓜的父亲，被一名视频拍摄者拍到，一段简短的对话，在社交媒体上引发了热烈的讨论。一名普普通通的父亲，为何会如此打动人心？通过对这一人物与事件的书写，我们或许能够明白许多，比如乡村与城市的鸿沟，一位父亲朴实的爱与付出……

一位凌晨坐在马路边、守着车卖瓜的大叔，进入了拍摄者的镜头。从一开始时有一点点戒备，到得知瓜可以被全部买走时的开心，再到主动降价并多次拒绝拍摄者按原价多付的钱……这名父亲打动了许多网友的心。

这位瓜农，一言一行都闪烁着人性的光芒。他懂得感恩，预测到了买瓜者有可能吃不完这么多瓜，所以以主动降价的方式来表达感谢。

他心地淳朴，遵守交易规则，本来可以坦然收下买主按原价给出的钱，但多次想要退回多给的钱，这也是在捍卫一名小生意人的尊严。

他爱子心切，深夜卖瓜所得收入微薄，但却心怀孩子的求学、买房等宏大计划……

不少网友觉得，从这位瓜农身上看到了自己父亲的身影。即使是在社交媒体上，网友也普遍不擅长表达对父亲的爱，而这位瓜农，仿佛成了当下父亲形象的一个最大公约数。网友转发、评论、点赞这位父亲，其实也是在尝试塑造一个理想的父亲形象。

那么问题来了，我们为什么总是会被一位农民父亲的形象所打动?

不可否认，这位瓜农出现在郑州的街头，确实有些“奇观效应”。如他所说，从郑州回到他家，需要三四个小时，这三四个小时的车程，就是奇观形成的重要因素。通过这样的对比，人们感受到了城市与乡村的差距，了解到了一名城市父亲与乡村父亲的不同。

假想一下，如果一名城市父亲深夜开车载客摆摊挣钱，拍下来虽然也感动人，但终归没有这位农民父亲带来的震撼感强。城市父亲的工作也辛劳，也有大量的城市父亲挣着不高的薪水养活一家人，但在人们看来，城市里的父亲，面孔总是有些模糊的，他们似乎缺乏故事可讲。

或者说，大家已经认同了城市里的生存模式，只有看上去更加不容易的农民父亲，才能激发网友对父亲形象的感慨。

在凌晨的郑州街头卖瓜的父亲，身上带着农耕时代的鲜明印痕，他带给网友的情感冲击，既熟悉又陌生。他非常容易激发过路者帮他一把的冲动，但帮过之后呢？

他依然要回到他的瓜田，继续运卖一元多一斤的西瓜，这太符合感伤主义文学的定义了。只是我们从中得到的感伤，并不矫情，因为这情绪里藏着许多人的出身与来路。

就是这么一段短短的视频，里面却有着各种各样的赋比兴。一个人可能不会对自己父亲的付出有太多的实际感恩，但如果仍然能够被这样的视频所打动，那表明内心深处仍然有对理想父子关系的向往。

在对这样一位农民父亲表达敬意的同时，不妨也寻找一些机会，问问父亲过去的故事与当下的状况。没准他也能讲出催人泪下的细节，但更大的可能是，他也“卖过瓜”，但他不说。

见证被时间淬炼的情感与理想

关键词：杨振宁回应邓稼先。

2021年9月22日，是杨振宁先生的百岁诞辰。在庆祝活动上，杨振宁回应了邓稼先50年前写给他的一封信，正是这封信，让时光的距离消散，让往事清晰如昨。无论是邓稼先50年前写的信，还是杨振宁的隔空回应，都有着浓稠的情感做底色，同时也留给人一个很大的解读空间。对于邓稼先的信和杨振宁的回应，你分别读出了什么？

杨振宁先生100岁了，清华大学、中国物理学会、香港中文大学联合主办了一场名为“杨振宁先生学术思想研讨会——贺杨先生百岁华诞”的活动，庆祝他的百岁生日。杨振宁亲临现场，除了致谢与回忆，他发言中对50年前邓稼先一封信的回应，也引发了诸多人的感慨。

邓稼先写给杨振宁的信，写于50年前的1971年。那年杨振宁第一次访问新中国，在访亲会友的名单中，邓稼先是其中重要的一位。与邓稼先见面时，杨振宁是带着问题来的，他想知道，传闻中有一位名字叫“寒春”的美国物理学家是否在中国制造原子弹的过程中提供了帮助。邓稼先在求证后，给已经到达上海的杨振宁写了一封信，信中除了对寒春“没有参加过我国任何有关制造核武器的事”给予肯定的答复外，更多内容是对人生意义的见解与表达，并留下了一句让杨振宁念念不忘50年的寄语：“但愿人长久，千里共同途。”

邓稼先50年前写给杨振宁的信，杨振宁是收到并阅读了的，这次在百岁诞辰庆祝活动中重提这封信，是因为此信被收录于杨振宁、翁帆编著的2021年修订版《晨曦集》中，这再次对杨振宁形成了触动。50年后重提此信，杨振宁除了以此为切入点，重温与邓稼先“多年朋友成兄弟”的深厚情谊外，亦有通过这种“隔空对话”的方式，再次强调在科学追求与人生理想等方面，两人是高度一致的。

在百岁华诞庆祝活动现场，杨振宁回应邓稼先50年前这封信时是感性的，他说“我当时没有记得，没有看懂这句话”，又说“稼先，我懂你的‘共同途’的意思，我可以很有自信地跟你说，我是以后50年是合了你‘共同途’的途，我相信你也会满意”。时间能给出一切答案，杨振宁用了50年的时间，真正验证了对老友的理解与懂得，两位科学巨人也实现了殊途同归。

重读邓稼先的信，以及细品杨振宁的回应，会感受到历史的细节、情感的力量，还有时间的淬炼。在对历史的讲述中，细节之所以动人，是因为那些细枝末节当中，藏着人内心里的关切，这关切牵一发而动全身，对个人的选择有着不可小觑的影响。从杨振宁想要知道“中国的原子弹是不是中国人自己造出来的”这个细节当中，能感触到他内心深处的一种殷切期望，还有一种立场明显的情感倾向。

无论是当年邓稼先的文字书信，还是今天杨振宁在现场的语言表达，读来、听来，都能觉察到有一股深沉、厚重的情感力量贯穿始终。这是属于兄弟之间的对话，也是亲人一般的交流，从中可以体会到那种只有心灵才能够发出的声音，这声音包含着真诚与坦率，也充满着温暖与鼓舞，时间越久，情感的成分就越会散发出金子一般的光芒。

同样经得起时间淬炼的，还有两位科学家共通的科学精神。在杨振宁所撰写的被收录于人教版语文教材的《邓稼先》一文中，有这样的几句描述，“‘粗估’参数的时候，要有物理直觉；昼夜不断地筹划计算时，要有数学见地；决定方案时，要有勇进的胆识和稳健的判断”，这是对邓稼先强大的科学精神的充分肯定；而杨振宁为人所津津乐道的亲力亲为、严谨求实、敢于挑战、持之以恒，这种闪光的科学精神也值得致敬与学习。

铭记邓稼先，致敬杨振宁，这不仅是对科学家的正确态度，也是对科学精神的无畏追随。在被两位科学巨人的故事感动的同时，也应深刻理会到他们所说的“共同途”，这是科学家与普通人共通的地方，是一种朴素的理想与愿望。

父辈的故事，值得更多被讲述

关键词：《我和我的父辈》。

2021年国庆档，《我和我的父辈》公映，电影通过四位父亲的故事，讲述了新中国成立前后四代人努力、拼搏与奋斗的过程，具有激励与鼓舞价值，也会促使每个人联想到自己的父辈，并尝试拿起笔去写父亲的形象。本文是影评，也是带有个人生活痕迹的随笔，把自身经历与大银幕作品结合在一起，往往能产生感性、好读、同时又带有观察与思考的文章。

看《我和我的父辈》之前，我刻意屏蔽掉了与影片有关的各种信息，不是担心被剧透，而是想带着一种陌生的眼光去欣赏它。在各种文艺作品中，父辈的形象，难免有被限定、被固化的成分，我想看一下《我和我的父辈》这部电影，能不能带来一些新鲜感。

我出生于1970年，我的父辈所处的年代被饥饿与贫穷困扰着，但在那么困苦的年代，他们当中的一些人，仍然有着对生活的追求。

出生于1973年的作家梁鸿，将这种追求具体在一件白衬衣上。她难以想象自己在农村生活的父亲，为何会拥有一件永远被清洗得干干净净的白衬衣，这或许是生活中某种诗意的坚守。我关注到梁鸿讲述的这个细节，是因为我的父亲也有一件同样的白衬衣。

因此，在看《我和我的父辈》的时候，章子怡导演的四个短片之一《诗》，成功引起了我的共鸣。

黄轩饰演的父亲，在荒凉贫瘠的地方从事人造卫星研究，虽然是一个神秘的职业，但父亲仍然是童心未泯的父亲，他对自己的孩子说自己是个诗人，工作是在天空上写诗。虽然他留给孩子的诗歌作品，仅仅是恶作剧般地在纸上写了个“诗”字。

但这足够形象地勾勒出那一代父辈的集体形象——他们乐观，拥有一种闪光的理想主义，是最值得被继承的一种精神。

吴京导演的短片《乘风》所塑造的父亲，相对而言离当下远一点儿，但短片通过一系列细节的展示与塑造，成功地把抗日战争时期的父辈形象拉到了现实当中。

《乘风》中的父亲是骑兵团的团长，电影在表现骑兵从青纱帐中冲出集结，以及从敌后包抄作战时，使用了一些浪漫主义的表现手法。这不仅提升了电影画面的观赏性，也成功激起了观众的共情心——美与浪漫，愈加能映衬战争的残酷，一名父亲的付出与牺牲，应该被更好地铭记。

《我和我的父辈》的前两个单元《乘风》与《诗》是深沉厚重的，后两个单元《鸭先知》与《少年行》则是轻松幽默的。

徐峥导演的《鸭先知》，讲的是第一支电视广告片诞生的故事。他饰演的父亲可以代表改革开放后那一代父辈的形象，好奇、冲动、敏感、胆大，他们被心里的梦想激励着，被活跃的时代鼓舞着。他们的知识分子形象里，也藏有实干家的百折不挠，正是因为他们在那个时代的敢想敢干，才开辟了一个好时代。他们的故事，值得被更多地讲述。

沈腾导演的《少年行》，用时空旅行的概念，包装了一个有关父亲的责任的问题。在整个短片爆笑的氛围里，沈腾轻松地化解了父亲的新定位、父子关系、家校关系、子女教育等现实中存在的问题。

一个“无所不能”的父亲永远是孩子心目中的神，但就像片子最后父亲毅然走进大海把溺水的儿子托举出水面一样，《少年行》的价值观还是穿透了时间与空间，回到一个最为朴素的立场上——父亲的臂膀，永远是孩子起飞的平台。

每代人的父亲各不相同，父亲在被时代影响的同时，也塑造了孩子的目标追求与梦想。

我试图从《我和我的父辈》当中四位父亲的身上寻找共同点，发现能找到许多，但又无法更具体地把这些共同点讲述出来。“中国式父亲”的群像面孔，有清晰的一面，也有模糊的一面。在漫长的岁月里，他们游走于家庭与社会、责任与使命之间，努力地去争取成为一名好父亲。

《我和我的父辈》这部电影，就是把四代人的父亲的争取过程，串在一起讲述了出来。不同的观众群，都可以自取所需，从里面找到又一次认识父辈的角度。

平凡英雄身上的人性光辉

关键词：河南救灾。

2021年7月下旬，发生在河南的雨灾牵动着全国人的心，在诸多人纷纷伸出援手的同时，河南人也勇于自救，这期间出现了不少平凡的英雄。其实，平凡人中出英雄，并不是件罕见的事。河南救灾以及其他诸多灾难事件中出现的众多英雄人物，证实了这样一个道理：灾难是对人性的一种考验，而平凡英雄们的举止，总会让我们看到人性光辉的一面。

你敢不敢于在别人危急的时刻挺身而出？不到真正进入现场、面对现实正在发生的状况时，一个人是不晓得自己会做出何种选择的。冒着生命危险去救别人，这个念头的产生，往往是一瞬间的事情，所以“平凡英雄”的诞生，和大片里不断打怪升级的“超级英雄”，完全不是一个概念。

想到这个问题，是因为看到7月份河南发生暴雨灾害时，有无数人投入深水，向那些被洪水席卷、生命危在旦夕的人伸出了援手。他们当中有的有名字，比如在郑州地铁五号线救了十几个人的于逸飞，开铲车救下70名硕士、博士的刘松峰，还有放下自己的理发店生意从合肥赶往郑州的蓝天救援队队员余涛；而更多在社交媒体上被广泛转发的救人视频的主角们，是没有名字的，他们在完成自己的英雄壮举之后，悄然离去，或许他们并不觉得自己是英雄，救人不过是一种本能的行为而已。

有心理分析认为，人在决定去救人的时候，是没有过多复杂思想活动的，现实紧急状况也不会给他们思前想后的时间。因此，自我感动、情感升华、英雄主义情结等，在救人者的脑海里实际上完全有可能丝毫没有出现过。我们经常会看到一些对救人者的采访，在镜头面前，他们并未说出观众所期待的豪言壮语，那是因为，他们并不是为了在镜头前感动观众才救的人，而是他们恰巧出现在需要他们的场合，而他们选择了冲上去。

有些救人的英雄，在被树立为典型邀请去参加报告会的时候，会说一些自己的心理活动细节，亦会说一些鼓舞人心的话语，请相信，这更多是因为演讲需要，填满一两个小时的报告时间。在平凡人与英雄身份的转化方面，没几个人能做到从从容容，反而不好意思的会居多，这正是“平凡英雄”的最大特点。在他们的观念里，做大事的才是英雄，救人是“小事”，是本分，是责任。殊不知，“救一人，即救全世界”（《辛德勒的名单》台词），才是定义英雄的世界通用标准。正是出于对这个标准的尊崇，人们才愿意将那些勇敢的平凡人，同样也称为英雄。

平凡的英雄，在人数上并不少，相反，有许多许多。2020年1月武汉封城后，不止全城以及赶来支援的医护人员，还有众多参与志愿服务的市民，都堪称平民英雄。他们当中有些人的故事已经被拍成电影，但更多人还是收起了“英雄”称号，回归生活里继续做一名普通人。2021年5月，甘肃白银山地越野赛遭遇恶劣天气，第一个施加救援的人，是当地的一名牧羊人，随后60余名村民上山加入救援队伍当中。不仅突发事件会催生诸多平凡英雄，在诸多有长远设计与规划的伟大事业如中国第一颗原子弹爆炸成功、中国杂交水稻事业等，除了公众耳熟能详的伟大人物，还有无数平凡英雄默默付出，他们一样做出了巨大的贡献。

《孟子·滕文公上》中的“守望相助”，《孙子·九地》

中的“同舟共济”，以及大量如“拔刀相助”“义不容辞”“雪中送炭”“两肋插刀”“古道热肠”“乐善好施”等成语，通过千百年的传颂，已经深深地刻进我们的文化观念当中。中国人不仅喜欢讲述与之相关的故事，也非常推崇出现在相关故事中的人物，虽然中间也受到过“各人自扫门前雪，休管他人瓦上霜”的不良影响，但突发事件以及危急时刻，总是能激发在中国人内心几乎已成为信仰的英雄情结。

不少人认为，中国抗疫能够走在世界前列，是集体主义精神的表现。这一说法固然成立，但仔细观察，不难发现其中也藏有英雄主义的成分，正是无数人内心藏有“我为人人，人人为我”的豪情与格局，才使得严格的抗疫要求得到顺畅的执行。归根结底，这也是中国传统文化的一次胜利。

这次河南救灾中出现的众多平凡英雄，他们的勇敢举止，亦可视为内心一种文化冲动的外在体现。有名字也好，没名字也好，这不重要，重要的是，他们是我们中的一员，我们也具备随时成为他们的可能性，这无须考验，不必质疑，每一次面临灾害与苦难，都能看到人性的光辉在闪烁。

剥开“饭圈文化”的层层包裹

关键词：饭圈文化。

2021年上半年，“饭圈文化”持续刷屏，有关部门与平台联手，对“饭圈文化”进行整治。到今天，“饭圈文化”已经偃旗息鼓时，我们可以用更冷静的眼光，来打量这一给社交媒体、娱乐生产与消费带来很大影响的现象。你支持过“饭圈文化”吗？对于“饭圈文化”的消失，你怎么看？

最近各大网络平台，都发布了整治“饭圈”乱象公告，通过清理负面有害信息、处置违规账号、关闭问题群组、解散不良话题、拦截下架小程序、排查网络综艺等多种办法，对“饭圈文化”宣战。

怂恿没有经济能力的粉丝花钱给明星打榜，网络聚集对“爱豆”的竞争对手进行谩骂，开车尾随明星车辆，到明星家门口蹲守，在飞机还未停稳时越舱追拍明星，在明星车内安装追踪定位器……这些“饭圈”做的事，都促使舆论对“非理性追星”进行了持续的批评，社会对粉丝所做出的过分之事也施与了一定的压力，但多年下来，“非理性追星”现象并未见有刹车迹象，反而有愈演愈烈的嫌疑。

这或可以从以下几个方面分析。其一，因为加入“饭圈”的多是年轻人，其中有不少还未成年，他们与主流舆论之间存在天然的代沟，诸多对他们的规劝与提醒，并不能很好地到达他们那里。这需要与他们有更直接接触与交流的家长，给予他们的思想与精神世界更多的关注，帮助他们把注意力从单一的追星那里分散出去。

其二，“非理性追星”处在一个灰色地带，这种行为虽然时而对公共秩序造成影响，也损害了明星作为普通人的隐私权，令人反感，但确实也未达到违法犯罪的地步，秩序维护部门或者执法部门不能主动去干涉。这给“私生饭”造成了一种印象：即使事情做得过分点也没关系，反正也得不到实质性的惩罚。

其三，部分吃“流量”饭以及依靠“私生饭”赚钱盈利的明星，对“过度追星”行为一直持默许甚至鼓励的态度。当下机场追星、鲜花接星、哭晕追星等行为，早期就曾被曝光，是一些经纪公司在背后组织的“职业粉丝”所为。现在，这一做法已经让数量不菲的粉丝变成了“私生饭”，明星与经纪公司的乐见其成，对于“过度追星”的泛滥是有一定责任的。

“饭圈文化”已成沉疴痼疾，即使在当下如此大的整治力度之下，仍有“饭圈”粉丝发出要“集资拯救哥哥”，仍有某品牌借势营销说“坏人也需要机会”。类似这样挑战公序良俗的言论，自然遭到了主流声音的强烈反对，但此种现象的产生，表明“饭圈文化”积重难返，需要全面搞清楚它的状况，才能让至今还沉迷病态追星的粉丝找回理性。

“饭圈文化”的形成，以及这一畸形文化的影响深远，是一次集体的、庞大的、复杂的“工程”。在诸多声音的剖析之下，人们大概已经了解到，这是资本通过塑造一种娱乐形态，并以此为外衣，构建一套隐秘又稳固的商业模式，并且随时修改完善，使之成为日进斗金的牟利工具。

“饭圈文化”不断扩张，最大的秘密，其实应该在于操盘者对于舆论利器的使用无比的得心应手。可以这样认为：舆论先行，是娱乐资本打开诸多通道的“钥匙”，尤其体现在产品（节目+流量明星）方面，娱乐资本在舆论营造上拥有令人眼花缭乱的方式、方法——编造某种时髦的概念，捆绑某个当下的流行，非常牵强地凑近社会主流价值，以赢家通吃的姿态，完成一种娱乐理念的输出甚至侵略，最终目的是占领粉丝的情感与大脑，使粉丝们变成他们的“韭菜”。

“饭圈文化”是一种青少年亚文化，背后的运营者深知这一文化形态永远无法取代主流文化的位置，因为选择在暗处生长，以蚕食的方式来逐渐挤占主流文化，是他们的主要操作手段。因此人们经常会看到，“饭圈文化”会与主流文化处于一种“共舞”状态，有时候“饭圈文化”还会以“取悦”的低姿态来获取主流文化的容忍，来换取收割“韭菜”的某种合理性……正是因为运营者深谙这种把浑水与清水搅拌在一起的技巧，才使得“饭圈文化”一直附着于社会肌体，成为难以去除的组成部分。

“饭圈文化”通过责任分解，由一名名粉丝来承担它的“罪与罚”，所以这些年来每当重拳举起，却发现多数时候都打在“哀其不幸，怒其不争”、多少都令人有些心疼的年轻粉丝身上，偶尔会具体到某个公司、某一平台那里，但这些公司和平台都会通过道歉、停播等方式及时止损，事情通常会不了了之。

抑制“饭圈文化”，除了相关必要的整治办法，还有很重要的一点，即以舆论对舆论，通过深入的报道，用真实、理性的声音与观点，像剥洋葱那样剥开“饭圈文化”的层层包裹，让公众看到“饭圈文化”内里的不堪，让这块变质的土壤重新回归正常。

断电的年代，我们都没法接受了

关键词：拉闸限电。

2021年9月，因为煤炭供应紧张，为保障电网供电安全，东北一些地方开始拉闸限电，国内其他一些省份也出现了同样状况。虽然这一状况持续时间不长，但成功地让人回想起过去有关拉闸限电的日子。在有些焦虑的同时，通过对比，也发现了时代的巨大变化。本文对于缺电时代的生活描述，虽然呈现出一些“小美好”，但还是给出了一个冷峻的结论——

看多了东北拉闸限电的新闻，我养成了一个新习惯——随时把不用的灯关掉。坐在书桌前工作的时候，也把房顶的照明灯和装饰灯关掉，拧亮了许久不用的桌头灯，加上电脑屏幕自带的光，也够用了。

这种改变，成功唤醒了我沉睡多年的“省电”记忆。

整个20世纪80年代，我都在山东乡村度过。童年那会儿，电本就很稀罕，不少人家只有一个灯泡，只在吃晚饭的时候点亮一下，吃完饭就关灯了。停电对生活影响不大，因为灯泡是个“奢侈品”，有它没它，都不耽误小孩子们天黑后满村乱窜、招猫逗狗。

对了，那时候乡村的月亮特别亮，照在地上明晃晃的，有点吓人。过分亮的月亮，消弭了不少缺电的遗憾。

有电，就会有停电。经常是，正亮着的灯泡，忽然灭了——还会伴随“刺啦”的一声响。这个时候，家人就会迅速点亮煤油灯。可以说，刚开始有电的很长一段时间，煤油灯仍是主流的照明工具。

停电后，孩子在煤油灯下写作业，家长搓玉米粒、补衣服，安安静静，各忙各的。突然来电，反而会打破这种平静，仿佛是个提示，电来了，也该洗洗睡了。

20世纪90年代，我在县城上中学。老师说，你们晚上去厕所的时候，不用每次都把灯关掉，不然下一个人再开，一关一开浪费的电比一直亮着时还要多。这是一种科学的省电之法。

可是在家里，如果人走灯不灭的话，一定会被家长批评的。批评多了，我就养成了一种肌肉记忆，哪怕不是在自己家，在别处（比如走廊）看到有灯亮着却没人，总忍不住想找找开关在哪儿，给它关掉。

少年时期，我特别迷恋自己寻找或制造“电源”。手电筒，算是中学生能拥有的唯一“电器”。在停电或被家长喝令关灯后，它可以让我偷偷地在被窝里看小说。一本厚厚的《西游记》，就这样被我打着手电筒，在被窝里看了四遍——活活把眼睛看近视了。

另外一种自己“发电”的方法，是积攒零花钱，买来一只可以固定在自行车轮毂旁边的微型发电机。晚自习下课的时候，用蹬自行车发出来的电，点亮装在车头的灯，可以照路，也能吸引不少同龄人羡慕的眼光。这是件挺让人神气的事。

20世纪90年代的小城，大概一个月总要停几次电。作为居民，停电带来的影响，现在看来算不上什么大事，顶多是看得正热闹的电视剧看不成了。但对于十来岁的孩子来说，停电反而成为一个“干大事”的契机：骑着自行车，在黑咕隆咚的街道上横冲直撞；到田野里堆一堆干草“烧荒”……

作为文明的象征之一，电的短暂缺席，仿佛可以释放人类骨子里亘古存在的某种野蛮，使得他们有冲进黑夜与大自然撒欢的冲动。

回望过去的20年，我们有电的日子真的不算长。但长期以来平稳的电力供应，给人们带来了很强的安全感与信任感。对很多生活在都市里的人来说，除了小区偶尔因为维护电路，需要停几个小时的电外（通常也安排在午夜），全年365天不断电，已很正常。

我以前有买蜡烛以备停电的习惯。如今算来，蜡烛在家里消失，恐怕有十年了——过去的停电焦虑，早就被成功治愈。

最近这几天，多省电力供应紧张，波及居民用电，触发了人们对电的依赖情绪。和20年前不一样，现在大家的吃喝拉撒、衣食住行，无一不与电深度捆绑。有人说，停水、停电、停网，堪称现代人三大焦虑源头，让人抓心挠肝，难以安心。

我们已经没法回到过去的缺电年代。电，已不仅是经济学意义上的能源和资源，也是寻常百姓每天离不开的空气、水和粮食。

没电和缺电，都无美好可言。这样的状况，短期也不能通过别的方式来弥补。唯愿这一难关早点过去，大家尽快回到不用担忧停电的安稳生活。

把周令飞送上热搜，也是年轻人“拥抱鲁迅”的一种方式

关键词：拥抱鲁迅。

鲁迅并未走远，他还在以各种各样的方式影响着无数人。对于年轻人来说，想要亲近鲁迅需要一个理由。于是，借助网络时代的热搜，他们赢得了一个“拥抱鲁迅”的机会。阅读鲁迅、谈论鲁迅、理解鲁迅，都是一种“拥抱”方式。

鲁迅的孙子周令飞上了热搜，在“躲不开鲁迅的鲁迅孙子的一生”话题下，许多网友热烈地参与了讨论。周令飞酷似鲁迅的相貌，以及因为鲁迅孙子这个身份而带来的一些想当然的误解，给网友们带来了不少欢乐。

周令飞刚进新兵连，就被分配到卫生所，原因是“鲁迅原本学医，后来弃医从文，你要完成祖父未完成的事业”；周令飞说自己不会写通讯报道，找他写稿的排长不相信，“你是鲁迅的孙子，你写文章一定很好”；周令飞写不出文章，排长请他抽根烟，他说不会，排长诧异：“怎么可能，鲁迅抽烟……”

这两年脱口秀很红，对照脱口秀的标准，会发现周令飞的这段讲述非常具有脱口秀的特征，难怪他之前接受采访时的视频会被翻出来当成段子来看。脱口秀的一个创作技巧，就是把自己的苦恼变成笑料，无形当中，周令飞除了“鲁迅孙子”之外，又多了个“段子手”的身份。

周令飞上小学时，经常被同学们说“又要背你爷爷的文章”。现在周令飞上热搜，网友们的心态与周令飞的小学同学非常相似——“又要讨论你爷爷的故事”。无论过去还是现在，鲁迅都是人们心目中一个重要的“关键词”，而有一个“鲁迅孙子”作为谈论的切入口，可以降低谈论鲁迅的门槛，拉近与鲁迅之间的距离，从口头与心理层面上，都实现一次与鲁迅的“亲密接触”。

周令飞的一生躲不开鲁迅，当下谈论鲁迅的网友也一样躲不开鲁迅。在教科书中，鲁迅的文章在塑造着每个人学生时代的思想与精神；在社会生活中，鲁迅并未落伍的观点验证着他超前的眼光。网友能与周令飞共情，是因为鲁迅作为一个符号，已经无形中建立了一种文化的“血缘”。周令飞曾说“既然逃不掉鲁迅的支配，那就拥抱鲁迅”，而对于阅读过鲁迅并受到过鲁迅影响的人来说，关注一切与鲁迅有关的话题，也是对鲁迅的一种拥抱方式。

2021年9月，纪念鲁迅诞辰140周年大会在人民大会堂举办，《鲁迅手稿全集》在国家图书馆首发，一些作家撰写的鲁迅主题图书也纷纷出版……按照网络的说法，鲁迅现在已经成为一个自带流量的名字：鲁迅的书以及写鲁迅的书具有天然的吸引力，周令飞的讲述会成为热搜，网友会在热门话题下讨论鲁迅。这些现象说明，在充满变化的网络时代，鲁迅一样能够受到关注，虽然关注的形式与时俱进了，但关注的本质没有变。

把鲁迅的孙子送上热搜，并非娱乐化周令飞，也不是低质量地消费鲁迅，这是网络时代表达关注的一种特有形式，其内核是严肃的。这种严肃主要体现于：一是凸显对鲁迅的尊重与怀念，重新与鲁迅建立一种跨时空的精神联系；二是打破让人望而生畏的时空概念，制造出一种“鲁迅并未离我们远去”的氛围；三是在情感上表达一种呼吁，期望能找到鲁迅在当下的继承人，为社会变得更好而鼓与呼。

鲁迅相关话题能够进入热搜，鲁迅相关视频可以在B站被年轻人追捧，这是好事，是鲁迅可以走出教科书的证明。作为名人之后，周令飞其实也只是鲁迅故事的讲述者之一，如果没有那么多喜爱鲁迅的人，他的讲述也不会达到如此高的关注度。“140岁”的鲁迅在今天还可以如此吸引年轻人与网民，这是有趣也有意义的一件事。

袁隆平巨幅涂鸦究竟能不能被覆盖？

关键词：纪念袁隆平。

毫无疑问，为解决全国人民吃饭问题做出巨大贡献的袁隆平先生是值得尊重与怀念的，但尊重与怀念不等于神话，也不等于他可以被拿来当成“工具”使用。袁隆平先生毕生都以普通人自居，从未想成为偶像，假若他在世，恐怕也会对神话他的做法表示反对。

日前，长沙新晋网红打卡点——袁隆平巨幅涂鸦被人用巨型字母覆盖。原作者DZ对此表示不满，认为这是对他们作品的不尊重，“一个受人尊敬的人被盖了，这已经不是规矩和文化的问题了”。但巨型字母作者则认为，不能“道德绑架，用袁老做挡箭牌”。

据了解，袁隆平巨幅涂鸦位于橘子洲大桥桥东堤岸。这里最早出现涂鸦是2020年底，经过多名涂鸦写手的创作，成为一处被默认的涂鸦空间。在袁隆平登上涂鸦墙之后，这里名声大噪，成为市民与游客的拍照打卡点，有人赶来发现袁隆平巨幅涂鸦被覆盖之后，表示了遗憾。

从市民与游客的角度看，到一处网红打卡点扑了个空，的确会有所失落，袁隆平巨幅涂鸦若能够保留更长一些时间，势必会为此处增添更高人气。但从涂鸦这种民间的艺术创作形式来看，并没有规定谁的作品画上去之后，一定要保留多久。所以，大众的期待与涂鸦写手的创作之间本就存在一定冲突。

涂鸦写手之间的冲突，则源于在创作、署名、空间争夺、引入价值观等方面存在“竞争”的意图。显然，争议双方对涂鸦的“规矩与文化”存有不同的理解，比如后来者不能完全覆盖前作，要给前作留有一段时间的展示机会；只有更好的作品才有“资格”被保留得更久一点；创作要有公共意识，不能把涂鸦当成个人“争名夺利”的“工具”……

从这种“规矩与文化”看，两方都做得不够尽善尽美，但谁对谁错，的确也没法准确地给出判断，只能从涂鸦的本质去给出一些建议。

涂鸦从不讲“规矩与文化”，到逐渐遵守“规矩与文化”，是这门艺术为获得生存空间而不断妥协的结果。涂鸦墙逐渐赢得大众的喜爱，成为一种私人情感公共表达的载体，是获得城市管理者宽容对待的前提。但涂鸦之所以是涂鸦，其本质是底层立场、叛逆元素，以及在发展过程中融入的艺术至上风格，这也是其顽强生命力的体现。

袁隆平的形象出现在涂鸦墙并受到欢迎，是因为这幅作品寄托了公众深沉的情感。但是否因为他出现于涂鸦墙上，就应该享有“特权”，这值得商榷。如果袁老仍然在世，大概率会对此持否定态度，他毕生的追求是让所有人远离饥饿，而非成为一个让人望而生畏的“权威”。

涂鸦创作的“覆盖”特征，本身具有一些“颠覆”“藐视”等特征，任何涂鸦写手在进行伟大人物的创作时，都要考虑这是一把“双刃剑”，不要给自己也给后来者出“难题”。

社交媒体上引发的涂鸦争议，几乎是可以预见的。涂鸦的创作概念很大，但涂鸦具体到一个城市、一堵墙时，其物理呈现空间却又很小。在一个很小的公共空间引入过于宏大或复杂的元素，无疑会使得这一空间变形，导致其公共性丧失，甚至彻底消失，这是谁都不愿意看到的结果。

此次涂鸦争议事件，不妨视为涂鸦文化的一次传播与教育，也是对公共空间属性的一次探索与讨论，相信会得到一个理性思考的成果。

年轻人为什么喜欢《觉醒年代》？

关键词：《觉醒年代》。

主旋律影视剧近年成为一种现象，不但在市场上拥有了高票房、高收视率，而且得到了年轻人真心实意的喜爱与欢迎。这当中，于2021年6月获得白玉兰奖的《觉醒年代》是最有代表性的作品之一。它在不同年龄段的观众群体那里，都得到了高度评价，来自年轻人的好评，更是难得。《觉醒年代》你看了吗？有什么观后感？写出来，或能更好地帮助你了解自己以及这个国家与时代。

《觉醒年代》获奖了，在第27届上海电视节白玉兰奖颁奖礼上，《觉醒年代》拿下了最佳导演、原创编剧、最佳男主角三项大奖。

我连续参加了多届白玉兰奖的选片人投票环节，2021年也不例外。选片人投票共分两轮，在进行到第二轮的时候，《觉醒年代》的领先迹象已经非常明显。在播出阶段，它已经非常好地诠释了一部影视作品与潮流、观众、市场、舆论之间的融洽关系。换句话说，本届白玉兰奖的最大赢家非它莫属。

白玉兰花的寓意包括纯净、安静、高尚、真挚等，从文本层面看，《觉醒年代》与白玉兰奖是般配的，两者之间具有相通与互动的地方。白玉兰奖的浸染，会让《觉醒年代》的光辉进一步被放大。

在打分网站和社交平台上，《觉醒年代》得到了大量年轻网友与观众的喜爱，豆瓣9.3分的评分不仅是认同，更是大大的褒奖。对于人物与情节的持续讨论，也点燃了年轻人尝试了解历史的热情。主旋律影视剧在吸引年轻人方面，已经掌握了一整套的方式、方法，《觉醒年代》的优点在于，它又在此基础上做了点加法。

不要小看这点加法，它完全可以让一部影视剧发生质的变化。第一集令人感到惊艳的“车不同轨”画面，虽然只有短短几秒，但隐喻的参与，让剧作拥有了留给观众揣摩的空间；不修边幅、言辞个性十足的陈独秀，满足了年轻人对“陈独秀，你坐下”这个网络梗的对照；“蔡元培三请陈独秀”的文人互动，充满趣味也令人感动；鲁迅、李大钊等人的形象固然以前在大小屏幕上常见，但《觉醒年代》分明又让他们因为更具普通人的情感与性格而变得可信、可亲、可敬。

年轻人之所以喜欢《觉醒年代》，在于剧作消弭了历史人物与当下年轻人之间的距离。对于剧中人，现在的年轻人不需要仰视，也不必被他们的“权威”吓倒。师长、朋友般的形象，让大家觉得他们宛若在眼前，蔡元培被网友亲切地称为“慢羊羊村长”，还有他那句挂在嘴边的“谁也不能伤害我蔡元培的学生”，很难不让人心生喜爱。

《觉醒年代》还让年轻人对理想主义与浪漫主义产生了感性的发现。陈独秀在陶然亭约见钱玄同、刘师培，三位文人有诗酒相伴，在大雪当中谈论国家与民族未来，有诗情画意，也有豪情壮志；新旧文化两派人马对战，双方都很有PK精神，为了怎么在杂志与报纸上“打嘴仗”，两方也经常在内部唇枪舌剑，火花通常在此诞生。这对年轻人来说，是种陌生体验；剧中不乏大段有关中国人精神与尊严的演讲与争论，但内容脱离了口号，都带有浓厚的情感色彩，具有很强的感染力，让网友为以前的人和事“睡不着觉，兴奋，痛苦，战栗，这太奇怪了”。

其实不奇怪，《觉醒年代》的优点就在于，它让年轻人某种沉睡的基因，在这部剧中被激活了。年轻人通过这部剧，很真实地看到了先辈们的面孔与身影，并且觉察到了自身与他们之间的内在联系，这种发现，亦是让他们激动的原因。

在当下，年轻一代观众对影视剧的要求，不仅要好看，而且要真实。什么是主旋律影视剧的真实？以往人们通常会想到，影视剧要对历史负责，不能编造掺假；但现在，这一要求已经成为主旋律影视剧创作的基本面。年轻观众需要看到的真实，是可以融入他们血脉、情感与价值观的真实。他们懂得分辨，也知道共鸣的来源，用年轻人所喜欢的方式来讲故事、塑造人物，不是迎合，而是向创作本质回归。

《觉醒年代》是2021年影视剧创作的一大收获，同时也会巩固一种认知：认真而真实地讲述历史，丰富而生动地刻画人物，将会成为主旋律不断拿下收视率与口碑的“不二法门”。得到这种认知很容易，但具体把它执行到一部影视剧的情节主干与每一个细节角落中去，却是对创作者不小的考验。

美是相通的，也是可以共情的

关键词：《洛神水赋》。

在《唐宫夜宴》之后，2021年6月，《洛神水赋》又征服了无数网友的心，外交部发言人的推荐，又把这一节目推到一个新的高度。从视觉盛宴，到文化自信，一个视频节目承载了诸多的信息。通过分析《洛神水赋》的走红，我们或许能发现，“国潮崛起”背后有着更多无可阻挡的变化正在发生。

河南卫视继2021年初推出《唐宫夜宴》后，又一“爆款”出圈，一段不到两分钟的水下中国风舞蹈视频《洛神水赋》（原名《祈》），赢得无数网友点赞。中国外交部发言人华春莹也在推特转发视频，称其有“难以置信的美”。

“难以置信的美”，也是许多中国网友对《洛神水赋》的欣赏感受。对于一些海外网民来说，则会额外更多一分惊艳。能够在海内外赢得一致赞誉，说明一点：美是没有国界的。《洛神水赋》这次被赞誉承担起了展示中原文化乃至中国形象的作用，是因为它在挖掘到中国传统文化魅力的同时，也找到了世界不同审美下的一个公认标准。

首先是《洛神水赋》的视觉奇观，达到了这个公认标准的水平之上，无形中打通了不同文化背景下其他国家网民的理解障碍。在视频观赏与消费方面制造视觉奇观，是文化产品通往受众内心的捷径，当年电影《阿凡达》的上映，就提供了一个最佳的诠释。视觉奇观会带来心灵的革命，被眼睛捕捉到的震撼影像，会激发心灵对美与未知的扩延想象，在赞叹“奇迹”之余，人们也会由衷地感谢美，并参与到创造美的潮流中来。

突破一般标准，冲击视频表达的极限，也是《洛神水赋》受欢迎的重要原因。水下跳舞要穿戴2～10千克的配重，水下拍摄50秒到1分钟换气一次，6个小时水下不脱妆，创作者毛细血管破裂、眼睛发红、流鼻血，不到2分钟的视频拍摄了3次共花费了26个小时……这组数据，是获得一段优质视频的基础，也是“有想法”之后更重要的“有办法”。“好作品”离不开“苦功夫”，观众在为视频赞叹时，自然会觉察到创作者在幕后的付出。

从“翩若惊鸿，婉若游龙”的舞姿是如何在水下跳出来的，到这段视频花费了多少时间与精力做出来的，再到舞者用肢体所讲述的故事与文化究竟是什么样的，一连串疑问的背后，其实是观众的好奇心在涌动。而《洛神水赋》交织了新鲜感、神秘感、熟悉感等多样元素，在调动起观众好奇心的同时，也给予了满足感和进一步探究的兴趣心——这也是人类共通的情感，它从来不曾衰竭，并且很容易被激发。

中国风近年来备受中国网民推崇，“国潮”已成规模。这一潮流也常常能触动世界网民，这里面往往包含着诸多复杂的内外部因素。但对于创作者而言，不必考虑太多，只要有创意，有热爱，那就全情全力，很纯粹地将作品完成，观众自然能够从中产生共鸣。

和《唐宫夜宴》一样，《洛神水赋》也是“以小见大”“以点带面”，在没有赋予它们过重的文化责任的前提下，反而起到了很强的传播与输出效果。美是相通的，美是可以共情的。《洛神水赋》的国潮范，也因此征服了中国年轻人和世界。

看莫言如何与
年轻人“打铁”

关键词：莫言开公众号。

2021年8月，诺贝尔文学奖获得者莫言开通了公众号，作为一名开公众号的“迟到者”，莫言充分表现出拥抱新媒体以及希望与年轻人交流的热情。作为年度一个不大不小的文化事件，莫言所代表的一代人以及一个群体，与新媒体和年轻人打交道的态度，值得让我们思量。年轻人该怎么去看待这件事情，以及是不是可以向莫言学习，反过来去拥抱文学与经典？

一篇《莫言开公众号啦！》的文章在朋友圈刷屏了。在“10w+”

成为衡量人气的一个标准时，莫言的“开号”宣言轻松突破这一数字，充分证实了这位诺奖作家在新媒体时代，仍然拥有相当强的号召力。

这不是莫言第一次拥抱新媒体，2020年7月30日，莫言试水直播带货，2个小时销售图书35000册；2020年9月3日，莫言开设抖音号分享新书《晚熟的人》，发布的第一条视频6个小时就获得了11.3万个赞；他参与的话题“寻找晚熟的人”，浏览量当天突破3100万次；在“莫言”公众号之前，他还与人合作过另外一个公众号。

对于不熟悉的人来说，新媒体是藏有宝藏的“山洞”，令人向往又生畏，而莫言却像那个会念“芝麻开门”咒语的人，所到之处，大门为之四敞而开。这固然与莫言观念开放、勇于尝试新鲜事物有关，合作方在前面负责开山辟路，也是不可忽视的重要因素。

对于“莫言”公众号，莫言本人的参与度有多高，决定了该公众号能否持续扩大影响，不断输出“10w+”。就目前的状况看，“莫言”公众号大概率像以前那样，是莫言个人与合作方的共同产物；那些“莫言表情包”的使用，以及对网友留言的机智回复，也有可能是“小编”的手笔——不过这不重要，如果公众号能够长期保持“莫言智慧+新媒体表达”的风格，就有可能成为大量年轻人的聚集地。

“莫言”公众号的定位很明确，“我想和年轻人聊聊天”成为公众号反复强调的slogan。同时，公众号文章的文字内容短小精悍，并与表情包、视频等混编，是典型的年轻人喜欢阅读的“公号体”。不知道什么是“打赏”“充会员”，用“饭量大”“睡眠少”“体力好”来形容自己当下状态，寄语年轻人也只有一句话“向你们学习”……可以预见的是，“莫言”公众号里的莫言，会比他在传统平台与渠道中出现的莫言更显年轻、更具亲和力。

在被问及如果不当作家最想做的职业时，莫言的回答是“打铁”。因为童年时给打铁师傅拉过风箱，青年时在棉花厂给打铁师傅当过帮手，所以莫言喜欢铁匠，见到铁匠就倍感亲切。

在66岁的时候，莫言仍然把成为一名铁匠当成人生的第二职业选择，体现出他朴素的一面。莫言的写作包罗万象，他的文字也承载着他的生活哲学与人生智慧，值得年轻人学习。不过，多谈谈“打铁”的事情，或许会使莫言在新媒体上更受欢迎。

民间有俗语：“人生三苦：撑船打铁卖豆腐。”不过当下年轻人对此已经少有了解，他们心目中的“打铁”，往往是篮球的一个术语，或者用来指游戏中两柄兵器的对撞。

莫言没有选择在公众号里讲文学的深刻性，以及创作的专业性，这是对的。在公众号里讲严肃的文学，似乎不大合适，也不太容易传播，讲讲打铁时看到的世界、萌生的愿望、涌动的渴望，能与当下年轻人的世界产生一种衔接，给他们带来无形的鼓励与激励。

“莫言”公众号使用表情包和网络语言与网友交流，虽然还带有尝试的痕迹，略显生涩，但在整个设计感很强的公众号氛围包裹下，反而显得真实，这也是一名诺奖作家与年轻人的“打铁”方式，如果能把更多年轻人打成“铁粉”，那莫言会取得文学上的另外一种成就。

而通过这样的交流、碰撞、锻造，莫言和他的粉丝们，双方都会有收获。

倍速时代，
如何延长生命的进度条？

关键词：倍速时代。

倍速观看是人们渐失深度阅读与欣赏能力的表现。当一个人的鼠标点击到倍速按钮上的时候，不是作品出了问题，而是人出了问题。如果不喜欢一部作品，大可以像电视时代那样直接换台。倍速对人心的消解是巨大的。在一切都倍速的状况下，人的耐心开始大面积消失，与此同时，对生活与生命的细腻感受力也开始消失。

前段时间有项调查，说八成青年追剧使用“倍速”。“倍速看剧”是时代产物，说明网上视频已经取代传统电视成为年轻人看剧的主流。观众不断后拉视频播放进度条，不仅意味着网剧质量变水，也标志着观众越来越没耐心，直接想要得到自己想要的，这种外露的欲望，成为年轻人的一种价值观。

比起“倍速看剧”，新近出现的“倍速生活”这个概念，信息含量要大得多。近八成受调查青年表示自己过着“倍速生活”，与“倍速看剧”的人数比例高度接近。电视剧可以倍速观看，但生活却不可以，无论你耐烦或者不耐烦，生活总得一秒一秒地熬过去。“倍速看剧”给青年人带来快感，而“倍速生活”却恰恰相反，以无奈与痛苦居多。

现代人一天接收与处理的信息量，比古人一个月甚至更久时间所要面对的信息量还要大。社交软件可以把一个人一天24小时的时间都变成工作时间；为了满足社群动物的属性，人们还要不断通过社交媒体与认识不认识的人进行联系；商业机构不停谋划制造各种美好图景，刺激大家消费；“成功”的标准被注入五花八门的定义……唯有“倍速生活”，大脑才能对付得了这些浮沉于生活水面上下的信息，没人敢慢腾腾地藐视生活节奏，否则很容易产生被抛弃的感觉。

过着“倍速生活”的年轻人，是18～35周岁的00后、90后、85后。其实在时代的裹挟之下，几乎所有在“当打之年”的人群，生活都是提速了的。

70后和大部分80后会感慨，自己的年轻时代生活节奏没这么快。70后的青少年时代，是在霹雳舞、录像厅、港台流行文化的影响下度过的。作为独生子女一代的80后，在娱乐生活方面除了延续70后的一些童年玩法外，也拥有着不少专属于自己那个年代的美好记忆。70后和80后进入社会，在承受高压的同时，仍然竭尽所能地保持着与传统生活方式的联系。

在70后、80后的心目中，童年、文学、成长，这些都成了他们生命的构成。对生活质量有明确的追求目标，对生活方式有着自己的坚守，使得这两代“老大哥”们还有着充分的定力来面对多变的时代，在处理扑面而来的信息轰炸时，多少还有着几许淡定。

一名出生于20世纪50年代的公众人物曾表达过这样的愿望，他期待未来的青年，可以在大学毕业之后不那么快踏入社会，而是要有几年晃荡的时间，花费最少的金钱用于读书、旅行，寻找人生的意义，在准备好之后，再努力为自己、为国家奋斗。后来的年代，只有少而又少的人实现过这样的愿望，在不断加速的时代列车面前，没人敢错过离自己最近的那班车，仿佛一旦错过就会永远错过。

极少数“望车兴叹”的人离开了“站台”，走向了发达、繁荣、文明的城市生活的背面。平均每年有上万人来到终南山，他们当中有诸多人选择了在这里隐居，搭茅草屋，烧柴火做饭，把城市人的24小时过成48小时、72小时……有人羡慕，有人不屑。羡慕者和不屑者，都是过着“倍速生活”的人。

过着“倍速生活”的年轻人，不是惧怕压力，而是担心没有选择。“倍速”其实不是最可怕的，它容易激发斗志，促进效率，提升合作，只要找对找准方式方法，一样有人在“倍速时代”活出自己的节奏，把生活尽量掌控在自己手里。

但没有选择却让人恐惧，这等于把所有短跑、中长跑、马拉松选手全都赶在了一条赛道上。到某个时间点时，有人跑过临界点刚刚开始兴奋起来，有人则无力、绝望到再也迈不动一步。一个理想的时代，应该是允许不同年轻人群体选择不同生活节奏的时代。

改变，不妨从个体做起。如果不得不“倍速生活”，那不妨在不同时间节点，以最低或最高的“倍速”前行，把时间与精力最有效地利用好，把“延长生命的进度条”当成一个最大目标来追求。敢于藐视并掌控生活节奏的人，或许能得到另外一种意义上的成就感。

不随意截屏，应写进社交守则

关键词：拒绝截屏。

截屏是现在人们最常用的一个保存信息的手段，可把截屏当成“内容”或“工具”来传播时，这一做法无意间就散发出危险性和伤害性。当你随意把一份截屏发在社交媒体上时，考虑过被截屏方的感受吗？

经常在朋友圈看到有人发微信聊天记录截屏，虽然发布者通常会表示征得了当事人的同意，并且也抹去了聊天对象的名字与头像，但每次看到都觉得不合适——朋友圈兼具私人场域和公共空间两种属性，私下里的对话无论内容是什么，都不太适合公开展示。

现在，微博上流行的截屏爆料，已经让不少明星身败名裂。不知道从什么时候开始，晒截屏被当成了一种维权或攻击手段。或是吃瓜群众的热衷围观与转发，促使这一行为变成了一种现象。若是截屏爆料都源于正义倒还好说，只是发展到后来，截屏被PS、被掐头去尾，究竟可信度如何，需要打个问号。

微博上对于截屏的滥用所产生的恐惧，已经波及微信用户的交流。不少人在正常聊天时使用文字，一旦谈到敏感话题或者发表涉及隐私的内容时，往往会舍弃文字表达而改用语音。虽然通过转换文字的形式一样可以实现语音截屏，但对方采取语音交流的潜台词，已经流露出拒绝截屏的意图，在这样的时候，再去把语音转换成文字截屏，可以说是一种冒犯，甚至是一种恶意了。

如同人性禁不起考验，聊天记录也禁不起截屏。在一个匿名的、混乱的、价值观冲突的公共平台上，哪怕是正常的聊天内容，都有可能引起一部分人的误解或曲解。而如果聊天内容当中有一些个性化的表达，或者有个别缺乏审慎的词汇，则给舆论羞辱与道德审判提供了机会，会导致一个人的“社会性死亡”。

截屏不该让人感到恐慌。为了避免被截屏，人们所能做的就是尽量减少交流，对陌生人或不熟悉的人保持戒备，即使对熟悉的人也会保留三分。互联网的存在，是有利于人更好、更真诚地表达自己的，如果互联网变成了一张到处都带着刺的、伤害性很强的网，那它作为便利工具的属性就会逐渐减弱。从这个层面来看，在第一幅私人聊天内容被截屏流传时，人们就该警惕，设法杜绝这一行为被不断复制。

我有一个朋友曾说，如果微信开发出一种功能，他愿意为之付费，这种功能是，当聊天对象对聊天记录做出截屏的动作之后，软件会同时弹出提示，一方面提醒使用者，聊天对象正在截图，另一方面也警告截图者，注意这一行为有可能侵犯了别人的隐私。当然，他的这一想法变为现实的可能性不大，但却直观地反映出当下人们对于不知不觉被截屏是反感而无奈的。

现在或许到了该把不截屏写进社交守则当中的一个时期。如果截屏的目的是出于炫耀，比如觉得自己说的某句话很幽默，认为可以展示给更多人看，那么在征得对方同意之后（对方未必真的愿意，只是不好意思拒绝），不妨放一放，等过一会儿或者过一段时间，仍然觉得非发不可，那再对截屏进行隐私处理后发出；如果截屏用于传递小道消息，满足八卦欲，则更要慎重。众所周知，信息在传播的过程中会产生损耗与丢失，也有可能被强行增添附加内容，这些都容易在无形中增加沟通成本、造成误会或带来伤害。

在明确双方真实身份，以及截屏内容具有前情后续，且获取方式合理合法的前提下，截屏是可以作为法律证据使用的。但此前发生的一些与截屏有关的“吃瓜事件”中，的确有人完全不理解截屏的法律属性，对截屏内容上下其手。这是在玩火，除了涉嫌违法，也容易造成人与人之间信任感的缺失，是对社会氛围的一种破坏。

截屏是轻易就可以实现的，但截屏又是件本质上很严肃的事情。别觉得这种做法太容易，而用轻薄的态度对待之，正是因为它唾手可得，所以我们才要三思而后行。

愿每一位失去名字的母亲，都能找到回家的路

关键词：母亲回家。

一篇文章，写尽了一位被拐卖的母亲一生的悲伤与疾苦，也写出了一个群体的无奈与忧愁。阅读这样的故事，你也许很难相信它会发生在一个人与人之间具有高密度联系的移动智能互联网时代，但对这名被拐卖的母亲来说，她确实在很长的时间里，被“抛弃”于一个她完全陌生的地方。与此形成鲜明对比的是，借助发达的互联网工具，她又找回了亲人，走上了回家的路。你觉得这样的故事遥远吗？读了这样的故事，你会五味杂陈吗？

一个出生并长大于贵州省晴隆县的女人，二十来岁的时候被人贩子从重庆火车站贩卖到河南辉县。在35年的时间里，她成为一个失去名字的人，身份证上的名字是丈夫随意编的。她逃跑过两次，但每次都被抓了回来。直到她的丈夫去世，女儿李新梅长大成人，她才仿佛拥有了“自由”，敢于一次次喊出“回家”的愿望……

这是刷屏文章《一个名字叫“喂”的女人》讲述的故事，读完百感交集——这个故事里，藏着太多的个体记忆与时代伤痕。让人欣慰的是，我们已经跨进了一个依靠互联网与其他科技工具可以无限缩短距离的时代，能让那些失去本来名字的母亲与孩子有更多的机会重新找到回家的路。而让人感到无奈的是，曾经的伤痕已经刻下而且无法弥补，悲剧不会因为一点亮色而改变本质。

一个枕头底下时刻藏刀的女人，让《一个名字叫“喂”的女人》这个故事拥有充满悬念的开头，可那些无数次被发现后拿走的刀，不是为了反抗命运而是用来抵抗噩梦的。读者希望这样的故事有点“复仇”元素，可这太理想化了。当一个不知道家园远在何处的女人被丢在一个完全陌生的环境中，实际上她便已经无法挣扎——她的“复仇对象”是谁？是人贩子？是出生地的穷苦？是买她回家并限制她自由的丈夫与亲邻？……35年的时间，让对错都模糊了，何况是“恨”这种比较容易被时间消耗并磨没的情绪。

在这个帮母亲回家的故事里，女儿李新梅是起到决定性作用的一个人，因为如果没有她在观念意识上的觉醒，并主动、长期地向外传递母亲的信息，母亲的一生就会停留在对家的回忆与渴望中。李新梅这一代人，对祖辈、父辈乃至整个乡村，有较为清醒的认知，受时代大环境影响，对女性权利有着坚定的追求。可以说，李新梅是她母亲的“申冤人”，是她母亲通往“自由”与家园的唯一道路。

通过社交工具帮助李新梅的人，是李新梅的同路人，也是拥有内心力量的自觉行动者。他们有着不同的职业身份，但在帮一位走失的母亲重回家园时，他们仿佛成为那位母亲的亲人——这不应简单地被归类于时代“善的力量”，更准确地说，这更像是一种“救赎”，是一群人为一片土地上发生的悲剧重新找到挽回的方式，让失去的美好重新回来，仿佛这样的弥补可以治愈历史的伤痕。

因为听力大部分丢失，李新梅的母亲保留了贵州布依族的发音，她的布依族语言成为微信群友快速锁定她出生地的重要依据，冥冥当中，她的语言也成为她回家的一道“文化密码”。在《一个名字叫“喂”的女人》这篇文章中，也表达了新一代布依族年轻人不再说民族语言的原因。时代潮流汹涌向前不可逆转，讲布依族语言的母亲通过这道“文化密码”回到了家，而不再讲这种语言的年轻人，也彻底与母亲这一辈人有可能遭遇的苦难作别。这其中的得失，怎么计算才好？

《一个名字叫“喂”的女人》如果拍摄成电影，相信会让无数观众哽咽。电影《失孤》最后，被拐卖的孩子终于找到了家，全村的人都出来迎接他；60多岁的德良回家，和这个电影情节多么相似。愿每一个失去名字的母亲，还有那些不知身世的孩子，都能够找到一条通往家乡的路。

很难用“感动”来形容德良的故事，因为它的前情后要，都隐含着难以言说的沉重。在“一场大团圆之后，德良可能还是要回到那个无人倾听、只能自言自语的世界，这不应该是故事的最好结尾。

但好在，德良不但找回了名字，找到了家，横亘在贵州与河南的那条回家的路也通了，这是这个故事可以让人长舒一口气的地方——无论怎样，有路在，就有希望与盼望，人生的悲苦就会被稀释掉许多。

第二辑 2010—2021年高考

部　分　同　题　作　文

探寻与呈现

共同的纪念日

（2021年高考作文天津卷）

试题内容：

阅读下面的材料，根据要求写作。

如果说时间是一条单行道，那么纪念日就是道路两侧最醒目的路标，它告诉我们怎样从昨天走到了今天。时间永不停步，纪念日不会消失。记住它，可以让日历上简单的数字成为岁月厚重的注脚，而它也不断提醒着我们带着初心奔向前方。

你对这段话有怎样的理解和感悟？请结合自身体验，写一篇文章。

要求：①自选角度，自拟标题；②文体不限（诗歌除外），文体特征明显；③不少于800字；④不得抄袭，不得套作。

我是个记不住纪念日的人。因为年代与户籍迁移的原因，我连自己的生日是哪天都搞不清楚，实在想拿到“权威信息”，就去问母亲，母亲永远记得孩子的生日，因为那是她的“受难日”。

我也是个不怎么在意仪式感的人。比如节日的时候，要在饭桌上发表几句感言，对着生日蜡烛许愿之类的事，总是让我坐立不安，赶紧敷衍过去了事。

但我喜欢默默地干活儿，在一个什么重大的节日到来之前，把地拖得干干净净，一切整理得井井有条。忙完了，端一杯茶望着窗户外面发一会儿呆，觉得莫名开心。

我心目中理想的纪念日总是安静的，过于喧闹的纪念日，仿佛失去了一种庄重与深切。

我对大的、小的纪念日，都没有特别的盼望。时间如果是单行道，纪念日就是路标；时间如果是河流，纪念日就是岸上的大树……

可无论道路还是河流，都在绵延向前，并不允许我们停留或沉溺在某一个日子里。

唯有不断被重复与被强调，一个纪念日，才能在一个人的生命与思想当中，留下深刻的印痕。许多纪念日，其实也隐藏着人们内心诸多矛盾与挣扎。

纪念日本身也在被时光与记忆磨损着，消耗着。有些纪念日，就这样，成了后视镜中渺小的黑点，和大雾中逐渐逝去的远方。

有些纪念日是明亮的，镀着阳光的金色，那是无数双手不断擦拭的结果，它具有鼓舞人心的力量；有些纪念日是郁郁葱葱的，即使少人关注，也会在无人的荒野上野蛮生长，拒绝枯萎；有些纪念日是灰色的，带有些悲伤的“亚光”，在白天会被忽略，到深夜才被记起……

纪念日投射了太多人的情感，它在某种意义上成为一个“容器”，是群体约定俗成的一个“公约数”，它可大可小，但每一个都值得尊重。

一年365天，据说有400多个纪念日，于是便有人说“不放假的纪念日不是真正的节日”，可400多个纪念日，多是写在公开的日历当中的，那些属于个人的纪念日该怎么去计算、衡量、评价？

在过好公共纪念日的时候，作为个人，也要关注属于个体的纪念日，个体情感也是一个丰富的“宇宙”，这里也需要标记各种星辰大海。

我是个记不住纪念日的人。我遗忘了许多纪念日，但内心的确也铭刻着一些纪念日。那是属于我一个人的漫天烟火、海啸地震……

如果恰好你也有类似的体验，那么那些日子，就是我们共同的纪念日。

强弱之间，可有中间地带？

（2021年高考作文全国卷1）

试题内容：

阅读下面的材料，根据要求写作。

1917年4月，毛泽东在《新青年》发表《体育之研究》一文，其中论及“体育之效”时指出：人的身体会天天变化。目不明可以明，耳不聪可以聪。生而强者如果滥用其强，即使是至强者，最终也许会转为至弱；而弱者如果勤自锻炼，增益其所不能，久之也会变而为强。

因此，“生而强者不必自喜也，生而弱者不必自悲也。吾生而弱乎，或者天之诱我以至于强，未可知也”。

以上论述具有启示意义。请结合材料写一篇文章，体现你的感悟与思考。

要求：选准角度，确定立意，明确文体，自拟标题；不要套作，不得抄袭；不得泄露个人信息；不少于800字。

我青少年时身体瘦弱，那时候常听到一句话，“到中年后自然就胖了”。果然，过了30岁，体重便日益增加，即使如此，也与“强壮”无关。我对身体的强壮也没什么迷恋的，所以对健身房之类的场所不感兴趣。进入城市工作之时，四体不勤，能保持健康，就已经很满意了。

虽然不强壮，但由于是乡下人出身，小时候在麦田、稻地摸爬滚打过，养就了身体的一股韧劲，后来工作上再怎么折腾，也不觉得比下地种田劳累，俗称“抗造”。在写字楼当“白领”的那几年，常忙碌到一天只吃一顿饭，照样面不改色心不跳。精神上的吃苦耐劳，容易给自己创造出“强大”的错觉，这错觉，往往会弥补身体上的不够强壮，带来一些自信。

对于身体上的强弱，还有精神上的强弱，我一向懒于分辨，有着随波逐流的惰性。强者有多强？弱者有多弱？是相信眼睛看到的，耳朵听到的，还是被各种信息塑造之后的？除了绝对的、无可争议的强者与弱者，我相信绝大多数人都会处理好强弱之间的关系，找到适合的、相对舒适的位置，并且自得其乐。

过于看重强弱对比的人，有可能存在一种“慕强凌弱”的心理，抑或走向另外一个极端——强者永远霸道，弱者永远有理。我相信强弱之间永远都会存在一个不小的流动空间，至于流向哪端，固然有大环境因素的影响，但个体必须要努力，躺着就能赢的人再多，也不是放弃让自己变强的借口。

我见过很强（有见识，有文化，有胸怀）的人，时常在人群中示弱。不是低调，也不是谦卑，就是故意地将自己放得很低。目的是为啥？就是为了让人觉得舒服。让别人觉得舒服，是一种很强大的能力。这不是讨好型人格，真的是一种见过世界之后的豁达、放松、沉静。

有的人不懂，把别人的示弱当成了软弱可欺，还没打几个照面，庸俗的嘴脸就暴露了出来，开始说三道四，指手画脚，冒充老大哥，假装真行家，甚至用自己那套可笑的价值观去指导别人。这样的傻瓜，软的硬的墙壁，每天都会撞上，撞得晕头转向之后，还不知道原因在哪里，把无知与愚蠢当成了“懵懂”。

遇强则强，遇弱则弱，这是我喜欢的几位先生处理社交关系的一种方式。他们身上流动着一种让人觉得自在的气质，无论是与强者交流，还是与所谓的弱者打交道，都有一种看不见的平衡度在起作用。他们尊重别人，也获得别人的尊重，彼此之间并不会让客观存在的强弱关系得到凸显，从而让功利、势利抢占位置，让气氛变得尴尬。

说到底，能让一个人可以与所有人融洽相处的内因，在于他们内心始终秉持着对自由与平等的推崇。强弱之间存在一个宽阔的中间位置，那里可以容下许多许多人，只要你愿意主动站过去，就永远不会被拒绝，但前提是，你得对自由与平等有深切的理解，并且有践行的强烈愿望。

社会上有一股存在已久的戾气，一个很重要的原因，就是有太多人想当强者，当不了强者就假装弱者。有些对抗是事实存在的，但也有些对立是假想出来的，别被假想的这部分对立情绪裹挟了。分辨强者与弱者还有一个标准：有没有独立思考能力。

不当强者，也不当弱者，只想当一个真实的、努力的、值得被尊重的人，当你走在这条路上，自然就无暇顾及四处飞来往你身上乱贴的强弱标签了。

角落里的中国面孔

（2020年高考作文天津卷）

试题内容：

阅读下面的材料，根据要求写作。

“中国面孔”是全球热播纪录片里充满家国情怀的杜甫，是用中医药造福人类荣获诺贝尔奖的屠呦呦，是医务工作者厚重防护服下疲惫的笑脸，是快递小哥在寂静街巷里传送温暖的双手……也是用各种方式共同形塑“中国面孔”的你和我。

走过2020年的春天，你对“中国面孔”又有什么新的思考和感悟？请写一篇文章。

要求：①自选角度，自拟标题；②文体不限（诗歌除外），文体特征明显；③不少于800字；④不得抄袭，不得套作。

我是山东人，长着一张山东脸，走到哪儿都容易被认出来，就算偶尔没被认出来，只要一开口说话，就有人说："您是山东人吧？"每每听到，总忍不住想找面镜子照照看，自己还是不是山东人。

前不久的一天，我真的勇敢地站在了浴室镜子前，我保证这么多年我是第一次如此认真地看自己，就是想弄清楚山东人的面孔有什么特别之处。得到的结论是，除了国字脸、颧骨稍微有些高，也没什么特别的。继而想到，看脸，其实是次要的，主要人们还是想透过面孔看到一个人或者一个地方的人的性格吧。

我有几位河南朋友，或是同属广义上中原的缘故，见到这几位朋友，总是让我觉得亲切，去河南旅游，更像是到了老家一样。河南口音里带着一种戏剧化的"哭腔"，每每听到河南话、看到河南面孔，我都忍不住想到，这都是历史与文化啊！自豪与苦难掺杂在一起的文化，积淀成面孔上丰富、细腻的表情，让人一目了然。

我辨认山东、河南、东北面孔在行，基本不会认错，但其他省的人长什么样，还只停留在模糊的概念上，如果问我"中国面孔"是什么样子，还真给不出清晰的描述。

山东卫视做过一档名为《中国面孔》的综艺节目，用两个思路来呈现“中国面孔”：一是提取了曾在纽约时报广场播出的中国形象宣传片中出现的人物面孔，他们是刘翔、姚明、邓亚萍、袁隆平、杨利伟等：二是从现实生活中寻找800名与秦俑相似的面孔拆分组合……最后通过荧屏给出来的“中国面孔”，看上去像那么回事，但我没法说服自己接受这一张通过技术合成的脸。

究竟什么才是“中国面孔”？前两天在社交媒体上看到了一组照片，照片拍摄的是一些坐在不同角落里的人，有摆摊的锁匠，有卖西瓜的摊贩，有坐在公园一角闲聊的中年人，有无所事事靠着商店橱窗休息的人……这组照片让我觉得震撼，震撼的原因是，图片里每个人的表情都极平静，通过他们的面孔，不用再有任何讲述，我都能看到他们的故事与生活。

记忆里最深刻的一张“中国面孔”，是1991年解海龙拍摄的《大眼睛》，就是希望工程的代言人，那个名字叫苏明娟的小女孩。后来几乎没有任何一张面孔，能像《大眼睛》那样带来如此震撼的冲击力了。我在想，是不是因为后来的这些年，时代实在过于波澜壮阔，信息更迭得实在太快，容易让一个人的面孔变小、变模糊，容易被遗忘？

把一个国家的人的面孔具体到一个人的面孔上，这太难了。相对而言，记住一群人的面孔就简单些，比如那组“角落里的人”的图片，我觉得，那就是一张张真实的“中国面孔”，看到他们，也就看到了所有人。

小心愉悦制造的毒

（2020年高考作文江苏卷）

试题内容：

根据以下材料，选取角度，自拟题目，写一篇不少于800字的文章；除诗歌外，文体自选。

同声相应，同气相求。人们总是关注自己喜爱的人和事，久而久之，就会被同类信息所环绕、所塑造。智能互联网时代，这种环绕更加紧密，这种塑造更加可感。你未来的样子，也许就开始于当下一次从心所欲的浏览，一串惺惺相惜的点赞，一回情不自禁的分享，一场突如其来的感动。

现在的社交媒体总是给你推送大量你喜欢的信息，就像免费提供总给人制造愉悦感的汽水那样，只需要你一瓶一瓶“咕咚咕咚”灌下去，然后产生一种所谓叫“流量”的东西，哪管你被灌下的信息有没有“营养”。

“一言不合就拉黑”，成为社交媒体上被推崇的“铁律”，社交媒体也为之设计了“被拉黑禁言三天”“关注七天才可留言”等规则，帮你“清除异己”，留出一块“清净、干净”的自留地。

对于这样的自留地，早有专业术语上的解释了，叫“信息茧房”。大概的意思是，一个人只愿意接收让自己舒服、愉悦的信息，躲在一个世界以你为中心的“小房子”里，愉快地度过一生。

我对“信息茧房”的理解是，拒绝批评，不接受反对意见，不需要外界的刺激与提醒，过着自我麻醉的生活……坦率地说，这很危险。

一个人接受这样的生活环境，就意味着已经停止对自身之外更大世界的探索，也标志着以自己感官取代理性思维，来与外界进行触碰与连接。当然，在网上拥有什么样的社交场景，是个人的权利，别人无权指责，但有一点值得担忧的是，一旦我们所有人的生活都被片面化的信息掌控，就难免进入凯斯·桑斯坦所说的“社会黏性丧失”“群体极化”的情境。

“群体极化”现象，我以为不会发生于知识分子身上。知识分子对待这种状况应有警惕之心，并且在网络交流上保持冷静、清醒、理性的姿态，并尽最大可能让早已一片混乱的公共话题讨论氛围回归正常。

但遗憾的是，社交软件改变了信息传播渠道与模式，也改变了人与人之间的交流方式，快速发表以及情绪化交流，使得过激言论甚至谩骂之词才会被关注到，真正好好说话的声音反而被淹没了。

这些年来，人们可以观察到，不少知识分子放弃了自己的语言立场，在浮躁的网络环境里也开始动用“语言暴力”，这使得社交媒体上局部的“语言冲突”变得一天比一天激烈……另外一些知识分子，不知是出于对这种沟通环境的不认同，还是出于别的原因，都逐步退出了舆论场，或者只在有限的领域内发言。

“如果理性的人不说话，就把这个世界送给了疯子。”如何跃过“偏执者生存”这个网络陷阱，成为还有发言冲动的人所面对的共同难题。

2020届毕业典礼上，华东师范大学中文系主任朱国华教授发表了演讲，其中有一段说道："如果缺乏了宽容精神，如果我们还是以斗争思维来抹黑跟自己观点不同的人，如果总是用价值论的是非来替代认识论的真伪，我们的争论就会变成不具建设性的争吵甚至争斗，我们就会不断再生产当代特色的戾气。"

可见，只看自己想看到的人，只接受符合自己认知的观点与信息，并不会带来想象中的愉悦，它只会制造更多的焦虑。

盐一定是咸的吗？

（2019年高考作文江苏卷）

试题内容：

根据以下材料，选取角度，自拟题目，写一篇不少于800字的文章；除诗歌外，文体自选。

物各有性，水至淡，盐得味。水加水还是水，盐加盐还是盐。酸甜苦辣咸，五味调和，共存相生，百味纷呈。物如此，事犹是，人亦然。

水一定是淡的吗？盐一定是咸的吗？这不是抬杠，有时候目光穿透人们对世间万物的普遍定义，才能发现这个世界真正的奥秘，才能体会活着的千姿百态。

简而言之，就是别把你个人的认知当成所有人的认知；同时，对所有人都言之凿凿的说法，永远都抱有一点怀疑心理，包括那些所谓的绝对真理。

相对于其他碳酸饮料，水是淡的，这个是真的。但因为自然条件、物理环境甚至想法、心态的变化，水也可以是甜的。比如沈从文在给张兆和的信里这样写道，“我就这样一面看水一面想你”，那一刻他看的水无论要不要喝到口中都是甜的。

去掉情感成分，很多人童年记忆里的水也是甜的。自来水成为每个家庭的必备之后，水才变淡了，人们千方百计用净水器把水过滤了一遍又一遍，自然也把那甜味过滤掉了。

我少年时有位朋友犯了错进了监狱，坐满15年后出来跟我讲监狱里的故事，他说：“你知道监狱里最奢侈的食物是什么吗？是一小块咸菜疙瘩。”过去生活条件差，饭都吃不饱，吃菜更是奢谈，监狱里自然尤甚。吃饭时通常是没有任何菜的，除非遇到节日或者犯人参加集体劳动表现好，才会每人发一块咸菜疙瘩。

为了得到的咸菜疙瘩更大一些，犯人们对打饭的人极尽谄媚。那块咸菜疙瘩不舍得一下子吃掉，要咬下一小块慢慢吸吮品尝。那个朋友这样形容：“咸菜疙瘩又香又甜！”吃到嘴里，心里幸福得像是“闭着眼看到了满天星星”。在讲述这段故事的时候，他形容咸菜疙瘩的味道用了“香”和“甜”这两个字，就是没用那个“咸”字。

因为这个故事，我觉得“世界上根本没有感同身受这回事”这个说法是对的。“甲之蜜糖，乙之砒霜”，你的欢欣，或许也是别人的悲伤。

尝试去了解一个人是可以的，但不能用你的经验、立场、价值观去要求别人与你一样，否则很容易产生“喝咖啡的瞧不起吃大蒜的”这样的荒唐事。

在尊重与偏见之间，人很容易陷入偏见中去，毕竟尊重中万物皆有光：以文化眼光洞察世间万象需要包含着理解与宽容，而偏见就简单多了，戴上有色眼镜就可以。

人间百味纷呈，人心各有不同，世界上连一模一样的两片树叶都不存在，更别说灵魂了。《道德经》里说：“不自见，故明；不自是，故彰；不自伐，故有功；不自矜，故长。”这是一种智慧，也是一种品质，愿你能拥有，并用它来看待所遇到的物、事、人。

文明的韧性

（2019年高考作文北京卷）

试题内容：

从下面两个题目中任选一题，按要求作答。不少于700字。将题目抄在答题卡上。

①“韧性”是指物体柔软坚实、不易折断的性质。中华文明历经风雨，绵延至今，体现出“韧”的精神。回顾漫长的中国历史，每逢关键时刻，这种文明的韧性体现得尤其明显。中华民族的伟大复兴，更需要激发出这种文明的韧性。

请以“文明的韧性”为题，写一篇议论文。可以从中国的历史变迁、思想文化、语言文字、文学艺术、社会生活及中国人的品格等角度，谈谈你的思考。

要求：观点明确，论据充分，论证合理。

②色彩，指颜色；不同的色彩常被赋予不同的意义。2019年，我们隆重纪念五四运动100周年，欢庆共和国70华诞。作为在这个特殊年份参加高考的学生，你会赋予2019年哪一种色彩，来形象地表达你的感受和认识？

请以“2019的色彩”为题，写一篇记叙文。

文明是有韧性的吗？面对这个问题，大可以不假思索地回答“对”“是的”“当然”。我们每个人每时每刻都活在文明当中，文明的韧性时时刻刻都从我们的身体、思想、行为中传递出来，甚至成为一种本能。比如早晨醒来的第一件事是抓起床头的智能手机，这就是科技文明赋予我们的一种发自内心的行动力。

文明的韧性体现在它的变迁当中，刀耕火种时期的锄头与镰刀，现在还在用着；蔡伦老爷子改进的造纸术，在温州等各地民间还几乎原样操作；网络写手日产万字，但公认还是李白时代的中文最美……

可就算再有韧性的文明，也面临着被覆盖或取代的可能，举镰收割已成农耕文明最后的风景，数字传播早晚要消灭纸张，李白的地位倒是不会受到冲击，因为他会永远活在教科书里。看来，教科书很重要，但也不是谁都能一直待在里面的，一代大师鲁迅不就一点点地从中消失了吗？

凡事都有两面性，文明也不例外，在它的韧性特征之外，还并存着短暂、脆弱：玛雅文明短暂到如昙花一现；秦始皇嘴皮子上下一碰，“六艺从此缺焉”；梁思成为北京城哭鼻子抹眼泪，也挡不住东西城、四牌楼等文物古建被拆……当然，后来互联网上的“杠精”反驳说，这不能拆，那不能拆，现代化城市还怎么建设？你看看，许多人消灭一种文明的时候，就是这么理直气壮。

庞贝、罗马、海德堡城堡，玉门关、阳关、锁阳城，废墟之所以让人珍惜，觉得有价值，不在于它们是文明的韧性象征，反倒是文明的脆弱符号。“废墟曾经辉煌”，作家张翎用这六个字概括了人们对消失的文明的普遍心理。游客到废墟参观，寻找的不就是一个进行古今对比、唏嘘一番的契机吗？房地产商除外，他们就算八月十五看到月球，也都想着怎么能在上面开发出一片高档小区来。面对文明，咱们可不能有“房地产商心态”。

比起谈论文明的韧性，不如谈谈人的韧性。毕竟人是文明最好的承载体，有人才有文明。中华文明的绵延，首先得益于中国人的韧性，这种韧性体现在，不管经历多少苦难，遭遇多少屈辱，中国人都能熬过去。能有一片人种天收的土地，在这块土地上繁衍生息，被打碎了膝盖也要“活着，并且活下去”。

在电影《一九四二》里，张国立饰演的老人一家人都没了，路上捡了个小女孩，张国立对她说：“你要喊我一声爷，咱们就是亲人了。”这句台词听得人眼泪哗哗，要是没这点儿韧性，中华民族能活到现在拥有14多亿人吗？

文明是会消失、会迁移的，文明不是固态的，而是液态的，文明的流动是因为人的传承。只要人性是好的，文明就会一直在，人性一恶，文明便没了。想想“文革”，是不是这样？所以，守护文明，不如守护人性，人类文明的进步，归根结底是人性的进步。

尼采说，人性是“由无数世代苦心积累的神圣不可侵犯的庙堂珍宝”。保护好这些“珍宝”，而不是摧毁它，文明的韧性就会一直在。

写给2035年18岁的你

（2018年高考作文全国卷）

试题内容：

阅读下面材料，根据要求写作：

2000年，农历庚辰龙年，人类迈进新千年，中国千万“世纪宝宝”出生。

2008年，汶川大地震。北京奥运会。

2013年，“天宫一号”首次太空授课。公路“村村通”接近完成；“精准扶贫”开始推动。2017年，网民规模达7.72亿，互联网普及率超全球平均水平。

2018年，“世纪宝宝”一代长大成人。

2020年，全面建成小康社会。

2035年，基本实现社会主义现代化。

……

> 一代人有一代人的际遇和机缘，使命和挑战，你们与新世纪的中国一路同行，成长，和中国的新时代一起追梦、圆梦。以上材料触发了你怎样的联想和思考？请据此写一篇文章，想象它装进“时光瓶”留待2035年开启，给那时18岁的一代人阅读。
>
> 要求：选好角度，确定立意，明确文体，自拟标题，不要套作，不得抄袭，不得泄露个人信息；不少于800字。

××：

您好！

不知道你的名字，我们肯定不认识，就权且称你为“新时代的新青年”吧。别鄙夷这个称谓老土，我年轻那会儿就是被这么称呼的。不喜欢？哪由得你喜不喜欢。

我知道，2035年的时候，你已经连窗外不停发出蜂鸣声的无人送货机都懒得理睬了，你甚至不愿意断掉与AI世界的神经感应连线，向在厨房里忙碌的妈妈大喊一声：“收你的快递！”

你的爸爸这个时候又转身走进屋里翻他的工具箱，寻找他童年时爱玩的纯木手工弹弓，他已经用这玩意儿打坏三台无人送货机的“眼睛”了。幸好你妈发现得早，冲出来夺走了你爸的武器。你对你爸你妈的婚姻能维持这么多年感到十分奇怪。

2035年的时候几乎没什么人结婚了，民政局婚姻登记处门可罗雀。你妈时常怀念17年前的2018年，说那还真算是个浪漫主义时代，离婚率只有50%左右，哪像现在，年轻人都不去单位，也不找公司上班，除了吃饭、上厕所用到肉身，其他一切需求都在AI世界得到满足。你爸生气的时候，总想拿剪刀剪断你头上乱七八糟的连线，怕伤到你的脑袋才一直不舍得下手。

对于过去十几年发生的大事你记得的不多了：根据2008年那场灾难改编的5D电影《汶川大地震》，经过五年修改终于上映了，除了几个老头儿、老太太去影院掬了一把泪，没人再进电影院；至于那场在北京举办的奥运会，你曾专门搜出了那首《我和你》，第一句歌词还没唱完就被你关闭了页面，你更喜欢宁静无声给心灵带来的至美享受，本能地反感哪怕丝毫的噪声……

18岁的你以及你们，都变成了只有未来没有过去的一代人。你们的过去，被具体到一个数据库当中，只有需要的时候才访问一下；而你们的未来，则浩瀚无比，那是一个我们无从猜测的世界。

你们拥有了自由，爱情没法让你们苦恼，事业不再绑架你们去加班。政府也开始发愁，因为有一天它们终于发现，自己领导的不再是一个个具体的人，而是一串串虚拟的数字符号。

你们不上街，不制造躁动，警察每天在街角修剪指甲，他们的橡皮棍和催泪弹都锁在仓库里一年多没动过了……年轻人啊年轻人，你们不费一枪一弹，你们用懒惰与不抵抗，就消解了未来世界所有的权威；你们让所有的文学家对着苍白的屏幕只能干瞪眼，他们什么也写不出来，因为你们不再提供故事。

没有人能再教导你们。在每台机器人都能够开始自我学习的时候，你们自我教育的能力令人瞠目结舌。你在18岁的时候就拥有了很久以前的80岁老人才能够掌握的全部知识，你依然拥有年轻俊美的面孔，而内心却像一位哲学家那样充满沧桑与宽容。从智人到神人的路上，你才迈开了第一步，就拥有了让我这个年龄的人所看不懂的深邃……

年轻人，尽管对你充满担忧，但还是想要告诉你，你终于拥有了可以不被别人不停写入信息的生命，你终于可以做到像智慧而神圣的蜉蝣一样，在宇宙间舒展优美的身姿与精神。

写了这么多，应该结束这封信了，感谢你能够耐心阅读这来自17年前用一台古旧的笔记本电脑打出来的信。不管你看完之后是茫然还是不屑，抑或有所触动，都请相信，在写信的那一刻，我还是充满了对你真诚的关怀与祝福。就这样。

2018年6月6日

露从今夜白，月是故乡明

（2017年高考作文全国卷II）

试题内容：

阅读下面的材料，根据要求写作。

①天行健，君子以自强不息。（《周易》）

②露从今夜白，月是故乡明。（杜甫）

③何须浅碧深红色，自是花中第一流。（李清照）

④受光于庭户见一堂，受光于天下照四方。（魏源）

⑤必须敢于正视，这才可望敢想，敢说，敢做，敢当。（鲁迅）

⑥数风流人物，还看今朝。（毛泽东）

中国文化博大精深，无数名句化育后世。读了上面六句，你有怎样的感触与思考？请以其中两三句为基础确定立意，并合理引用，写一篇文章。

要求自选角度，明确文体，自拟标题；不要套作，不得抄袭；不少于800字。

××：

您好！

“露从今夜白，月是故乡明。”白露之后天气凉了，潮水起了，灯笼亮了，桂花酒斟上了……有的人正在奔往故乡的路上，只为守在父母身边，看一眼童年的月亮。回不了家的异乡人，打开窗户一样能看到故乡的月亮。千百年来，人们都是这样寄托相思——月饼可以不吃，月亮不能不看，那轮明月，早已经被我们认定与永恒、团圆相关。

早晨在国贸的时候，又堵了半个小时。坦白说，我对城市里的中秋已经没有任何盼头，如果说盼望的话，我想回到从前的时光，缓慢地生活着，能感觉到时间的存在，耐心地等待一切事情，包括八月十五这天。

以往中秋的时候，你都会写一首诗。具体的句子忘了，但意境却还能清晰地记得，总体说来，无非是李白“举杯邀明月，对影成三人”的那种孤寂感。我知道，那时虽然我们年少，但却绝不是“为赋新词强说愁”，某种程度上，我们的孤寂和千年之前的李白是有所相同的。

办公室里，有朋友用快递寄过来的中秋礼物，一瓶酒和一盒栗子。现在很少有人送月饼了，尽管超市里的月饼包装得越来越豪华，却很难勾起人们想要食用的欲望。记得童年时的中秋，一块月饼是最好的礼物，通常在八月十五这天的下午或晚上，大人们才会把一块小小的月饼分发到每个孩子的手上。

我清晰地记得很多个童年时的仲秋夜晚，月亮亮亮地挂在天上，庭院里铺上一层银白，我独自在被窝里悄悄打开月饼身上那层薄薄的快要被油浸透了的纸，那里面有一枚由面粉、青红丝和冰糖共同组成的月饼。月饼里面的冰糖真甜啊，它的颜色和窗外的月光白一样，如果月光也能这么甜就好了。

和春节相比，中秋不是一个盛大的节日，它太短暂了，短暂到只有一个夜晚。但属于中秋的这个夜晚，却显得十分漫长。已经不记得每年这个最漫长的夜晚，我是在仰头望着月亮，还是俯首昏昏沉沉地睡去？我猜大多数是后者吧，每每在特殊的日子里，我都会觉得身边的一切与我无关，会把在意或不在意都隐藏起来，只是想用最亲近的方式，不自觉地与流逝的时间融为一体。

某年中秋时节，我们在夜晚县城街道边的大排档喝酒。那会儿我们还没正式走向社会，但少年时光却已结束，对未来没有任何规划，也不觉得茫然。你我其实都是坚定的存在主义者，喜欢在无意义中寻找生活的精彩与乐趣。那晚我们的乐趣就是喝酒，为了嫦娥喝酒，为了后羿喝酒，为了月色喝酒，为了你一句我一句在纸片上写下的诗句喝酒……结果我们因为喝了假酒而倒在街边，那个夜晚也因此深刻地留在我的记忆里，从此每逢中秋，我总怀念那假酒的滋味。

中国人过中秋，过的不仅仅是节，过的也是一种心情，一种与节日吻合得非常紧密又妥帖的心情。这种心情是要和节日处在同一个频率上的，需要有一种仪式感。这种仪式感可以是外在的，也可以是内在的，吃一块月饼，赏一会儿月亮，与孩子谈论片刻童年，也是体会一种历史、文化与乡愁……也仿佛有了这些，中秋节才过得正宗，而不是平平淡淡、毫无感觉地被浪费掉。

不出意外，今晚的朋友圈又会展开一场“晒月亮大赛”，这是现代人过中秋的一种新仪式。“今夜月明人尽望”，只要拍的人和看的人都觉得有滋有味，也算过了一个丰富多彩的中秋节。但最好不过的是，中秋节的晚上别只在朋友圈看月亮，还是要走出家门，在今夜，抬头望月或举杯敬月的人是有福的。

祝中秋节快乐。

人生就像一个行囊

（2016年高考作文山东卷）

试题内容：

阅读下面的材料，根据自己的感悟和联想，写一篇不少于800字的文章。

行囊已经备好，开始一段新的旅程。旅途漫漫，翻检行囊会发现，有的东西很快用到了，有的暂时用不上，有的想用而未曾准备，有的会一直伴随我们走向远方……

要求：①选准角度，自定立意；②自拟题目；③除诗歌外，文体不限；④文体特征鲜明。

书房里的书架顶端，有三个行李箱，是不同时期留下来的。有自己买的，有朋友送的，都没有坏，所以舍不得扔，出门的时候，我会从中间随便挑选一个。

偶尔在书房里写不出来东西的时候，我会盯着书架上的三个行李箱看，看着看着就会生发一些感慨：三个行李箱中，装着我不同的人生啊！每一个箱子里，都藏着一段散碎的故事，只是有许多已经没法再忆起。

有一个行李箱，特别小，已经二十余年没动用过它了。它被放置于床底下，估计现在也蒙上了灰尘，不知道里面装着什么。我也不敢把它拉出来，打开看看。

回忆如潮水。2000年，决定“北漂”时，我的这个行李箱还是全新的，看上去小巧而精致，里面装着发表自己文章的剪贴本，还有几沓崭新的方格稿纸。

箱子是专为这次进京而买的。因为我隐约记得，沈从文在1922年第一次来北京时，箱子里也带着这些“装备”。

出北京站时，沈从文曾深呼一口气说：“北京，我是来征服你的。”当站在无数人来来去去的北京站口时，同样年轻的我，却不敢说出那句话，只是在心底念叨了一句：“北京，希望你能把我留下。”

带的行囊虽是一样的，但志气却不一样，这也许就是我与沈从文的差别吧。

行李箱中的那个剪贴本，成为我找到第一份工作的“证明”。仿佛是一种宿命，也仿佛是为了证明一些什么，这些年来，一摞摞的剪贴本堆积如小山，一本本署着自己名字的书，加起来也是厚厚的一摞。

每每人生迷惘的时刻，这些积累的“财富”会告诉自己：你还很幸运，一直在做这一件事情，并且还有可能，一生只做这一件事情。

偶然也好，必然也好，年轻时的一段出门远行，决定了后面二十多年的人生。这些年我曾无数次出门旅行，但内心深刻地知道，可以称为“行囊”的，只有二十多岁时拎在手里的那只箱子。

那个行囊装的东西不多，却很沉，沉到一名年轻人拎着它的时候觉得直不起腰来。

那个行囊装的不只是希望与憧憬，同时装在箱子某个隐秘隔层里的，还有一个年轻人对未知世界的恐惧与慌张。

前者让人渴望迈开大步向前冲，后者让人想要退缩，躲在熟悉的环境里，连对外张望的野心也不敢有。

所幸，我拎起那个行囊，就没有把它放下来——物质上的那个旧箱子，虽然早就不碰了，但箱子里曾经装过的东西，一直都还悬在我的心头。

如果我没记错，二十多年前的行李箱还装有两件白衬衣，当年无论上班下班，还是外出谈事情，都会换上洗净晾干的一件，换下身上穿了一天的另一件。

骑着自行车在城市里穿行的时候，不管是夏天温热的风，还是冬天寒冷的风，灌进白衬衣里，都仿佛有一种看不见的自信在包裹着自己。

这么多年来，没有改变的另一个习惯，就是每年都要买几件白衬衣。出门旅行的时候，至少也要把两件白衬衣折叠好放在行李箱中。这样的话，仿佛每一次出门，都像人生第一次出远门一样，充满期待和盼望。

也许未来，家里还会增加一两个行李箱，但我已决定，不会扔掉任何一个箱子。床底下的那个箱子，抽空也要找出来，用湿毛巾擦拭干净，并排放在书架顶端。

年轻的时候经常想：背起行李箱的人啊，要不停地走，不要停留，背起过行囊的人，永远没法回头；而在中年之后经常想：幸好有这些行李箱，它们的存在好像在证实，这一生没有白活。

在远方，有微光

（2015年高考作文北京卷）

试题内容：

从下面两个题目中任选一题，按要求作答。不少于700字。

①在中华民族发展的历史长河中，从古至今有无数英雄人物：岳飞、林则徐、邓世昌、赵一曼、张自忠、黄继光、邓稼先……他们为了祖国，为了正义，不畏艰险，不怕牺牲；他们也不乏儿女情长，有普通人一样的对美好生活的眷恋。中华英雄令人钦敬，是一代又一代华夏儿女的榜样。

请以“假如我与心中的英雄生活一天”为题，写一篇记叙文。

要求：自选一位英雄，展开想象，叙述你和他

（她）在一起的故事，写出英雄人物的风貌和你的情感。将题目抄写在答题卡上。

②《说起梅花》表达了作者对梅花“深入灵魂的热爱”。在你的生活中，哪一种物使你产生了“深入灵魂的热爱”，这样的热爱为什么能深入你的灵魂？

请以“深入灵魂的热爱”为题作文。

要求：自选一物（植物、动物或器物。梅花除外），可议论，可叙述，可抒情，文体不限。将题目抄写在答题卡上。

很少让出租车送到楼下，通常到小区门口的时候就停下，我喜欢剩下的最后一段路自己走。

童年的乡村生活，给我留下怕走夜路的心理阴影。

为了练胆儿，初中时一次晚自习后，我曾独自穿越一片漫长的坟地。那晚的黑，是伸手不见五指的黑，当眼前终于出现住家微弱的灯光时，如释重负。从此再没怕过黑，却同时也喜欢上了夜晚星星点点的微光。

微光有着迷人的样子。在远处时，恍恍惚惚，朦朦胧胧，光晕时大时小。“蓦然回首，那人却在灯火阑珊处”，这句词的意境如果缺少了光的映衬，该是多么无味。从近处看，不刺眼似小火苗的光源，也有它可爱的地方。

初三那年夏天，我在自己破旧的大飞自行车轮子上，装了一个小小的发电机。发电机发出来的电，被引到自行车尾座的红色提示灯罩，在那里我藏了一颗小小的灯泡。每天晚上下晚自习的时候，我轻逸地蹬着那辆除了铃铛不响全身都响的自行车，穿梭于车流中，偶尔会迎来一两位女同学的关注。这一点点的与众不同，让我觉得快乐无比。

后来在影院看《了不起的盖茨比》。暴富后的盖茨比在西岸盖了一座豪宅，他在豪宅通向大海的码头，安装了一个射灯。于是在东岸的黛茜，在每一个晚上，从海平面望过去，或浓或淡的海雾里，有一盏射灯，在她的眼眸里闪烁，那是盖茨比发出的爱的信号。

这一幕看得我内心涌起海潮，差点在影院老泪纵横。盖茨比这个虚构的情种，还真是有颗爱玩的少年心啊！想要重新追求黛茜，直接走过去说就是，为什么要远远地放置一盏灯，指望她像飞蛾一样扑过来？

或许，他有一个孤独、充满恐惧的灵魂，这个灵魂凄冷太久，如燃烧了一半又被浇灭的木炭，需要再次遇到热烈的火焰，才能让它死灰复燃。那盏投向远方的射灯，其实就是盖茨比激动不安的眼睛，在日夜眺望他深爱的女人。一个明明暗暗的灵魂，最需要的是温暖与希望，需要被安慰。

有的人爱梅花，有的人爱绿萝，有的人爱房子，有的人爱金币……于是，有的人被归类于生性淡泊，有的人则被认为欲望如壑。其实，那也许不过是可以让他们的灵魂得到快慰的一种方法罢了。

有时候出租车司机会好意地要把我送到楼下，比如下雨的时候，表示感谢后仍然拒绝，因为，我想在拐弯时抬头仰望到，四楼的那个固定的房间里，有暖色调的灯光一直在亮着。

怀念一只“抢劫”的猴子

（2014年高考作文全国卷II）

试题内容：

阅读下面的材料，根据要求写一篇不少于800字的文章。

不少人因为喜欢动物而给它们喂食，某自然保护区的公路边却有如下警示：给野生动物喂食，易使它们丧失觅食能力，不听警告执意喂食者，将依法惩处。

要求：选好角度，确定立意，明确文体，自拟标题：不要脱离材料内容及含意的范围作文，不要套作，不得抄袭。

你在野生动物园会擅自打开车门走下车，与老虎、狮子“亲密接触”吗？反正我不会。有人曾这么做过，曾经引起网友的群嘲，留言评论说：肯定会有猛兽心里想“谁点的外卖到了”。

对猛兽的野性保持一些尊重，是有必要的。别看老虎、狮子吃饱了的时候温文尔雅，万一哪天饲养员忘记了开饭时间，恰好又有游客送上门去，没准就成了它们口中的“大餐”。

“人在安全的时候是勇敢的”，于是乎，在野生动物园的游览车上，最常看到的场景之一，就是有的游客坐在车里做鬼脸、比姿势、发出奇怪的声音，对野兽们进行挑衅。当然这样的挑衅得不到任何回应，“有本事你下来啊”，野兽们心里会这样想吧。

有的人会通过窗子，把买来的活鸡扔出去，看老虎、狮子们去捕杀，看得不亦乐乎；有的人会把喝了一半的饮料丢出去，棕熊会把饮料瓶捡起来，熟练地用牙齿拧开盖，“咕咚咕咚”地喝，憨态可掬。

在我看来，老虎、狮子还会猎杀，保持了野兽们的尊严；棕熊拧开盖子喝饮料，虽然可爱，但确实也有点可悲了吧——这种不健康的饮料，人类喜欢喝也就罢了，当熊爱上了可乐、雪碧、果粒橙，它还算是猛兽吗？

有一次在野生动物园开放的猴山，差不多有上千只猴子在人行道旁边的矮树林里伺机而动，它们在等待着游客的投喂，发现有好吃的就一拥而上。不投喂也没关系，它们会亲自动手。

我当时手里拿着一包薯片，原来的计划是，遇到听话乖巧的猴儿，一片一片地去喂它。事实证明，这个想法很幼稚，那包薯片方才明明还在我手上，不到半秒钟的时间就不翼而飞。

我甚至眼前没见到猴影，也没听见猴子一掠而过带动的风声，也没看到它得手后得意扬扬的样貌，它抢了我的薯片，瞬间就消失于丛林当中，只好脑补了它“打劫”时的一句台词：“拿来吧您哪。”

我对这只猴印象非常深刻，乃至产生一个想法，以后再去动物园，还要拿一包薯片，这回一定要看清楚，是哪个大胆泼猴光天化日之下为非作歹。

但从此之后，我再没去过野生动物园。没去的原因很简单，就是不太能接受人类把所有野生动物都当成宠物的心态。

观念的改变是缓慢的，但却是一体的，同样，我也不再愿意去看野生动物们的表演。在可爱的大象们以及它们的森林朋友做出种种听话的动作取悦游客时，没人看到它们在被训练时所遭遇的悲惨。

很长一段时间以来，取消动物的强制性表演成为一个公共话题，甚至野生动物园存在的必要性也遭到质疑。对野生动物的救助是有必要的，但把它们汇聚到一块供人类参观，有多大的娱乐价值呢?

经常看到一些环保新闻，说我们国家的某个地方生态恢复得很好，野生动物的种类开始繁多起来。这样的新闻让人欣慰，欣慰之余难免会想：该到了把野生动物园的成员们放归山野的时候了吧。起码，不要再去扩大野生动物园的规模，让那些属于山野的动物，永远隐身于丛林。

这么多年，每每想起野生动物园，第一个想到的总是那只抢劫过我的猴子，它身上那种未被驯服的野性，才是它最可爱的地方。而想到一群老虎、狮子在懒洋洋地围猎一只鸡时，总觉得有点不对劲——那一刻，人类把它们当成了宠物，而它们，本该是在山林做“大王”的。

“咬嚼”名家有事半功倍之效

（2013年高考作文山东卷）

试题内容：

阅读下面的材料，根据要求写一篇不少于800字的文章：

近年来，素有“语林啄木鸟”之称的《咬文嚼字》开设专栏，为当代著名作家的作品挑错，发现其中确有一些语言文字和文史知识差错。对此，这些作家纷纷表示理解，并积极回应。中国作协主席铁凝诚恳地感谢读者对她的作品“咬文嚼字”；莫言在被“咬”之后，也表达了自己的谢意，他表示，请别人挑错，可能是消除谬误的好办法。

要求：1.选准角度，自定立意；2.自拟题目；3.除诗歌外，文体不限，文体特征鲜明；4.不要脱离材料内容及含意的范围。

每次《咬文嚼字》杂志出手，都会成为挺受关注的文化新闻。这和《咬文嚼字》的“咬嚼”对象多为名家有关，客观上起到了有助于传播的作用。但剥离掉“炒作”成分，会发现以严苛的态度纠正对汉语的错误使用很有必要，尤其是在汉语品质迅速劣质化的背景下，更需要《咬文嚼字》杂志这样较真的机构，来提醒人们尽可能准确、干净地使用汉语。

这次《咬文嚼字》将“咬嚼”对象锁定为名家作品，是对那些名家名作的挑战，亦是对自身能力的挑战。被“咬嚼”的作品出自名家、经手于名编、出版于名社，经过了这三层“过滤”，其差错率自然会大大低于其他作品。这意味着在为名家作品挑错时，需要付出更多的精力，给出更准确的、无可辩驳的正确答案，是一件非常费力的事情。

虽然费力，但却很讨好。贾平凹回复：“谢谢你们的更正！你们把检查结果传给我的秘书施先生，他会打印出给我看的。”阿来也很爽快地说：“你们‘咬’吧，欢迎，谢谢！”莫言的回复诚恳坦率：“欢迎！到时将结果告诉我，以便再版时修改。”这三位作家的态度，与《咬文嚼字》的出发点是一致的，即“不是拆台，而是补天”。

再伟大的作家和作品，也不可能完美无缺。在作家创作过程、出版过程、传播过程中，每个环节都有可能导致作品出现错误、疏漏，这也是为什么许多世界名著都有过漫长的修订经历，也正是因为后期的不断修订，才得以让名作被打磨得更加熠熠生辉，对于这等锦上添花的好事，作家怎会不理解、不致谢？

以前《咬文嚼字》多是把重点放在错别字身上，但这次“咬嚼”名家作品，扩展到了“知识性差错”的层面。比如《暗算》中说算盘有101个算珠子是错误的，《额尔古纳河右岸》说北斗七星“环绕”着月亮转是不可能发生的。比之错别字，纠正作家的“知识性差错”更有价值，因为这些“知识性差错”很容易因为出现于名作当中，而被读者误认为是常识。

“咬嚼”名家作品是一个不小的工程，但它具有一定的标志性意义。凭借一家杂志社之力，根本无法扭转汉语在当下出版环境中的错漏百出现象，但此举还是彰显了传统出版人殚精竭虑的“捉虫”精神，在写作与出版全面市场化的时候，能够唤醒业内同行的文化精品意识，对出版物多一点责任心，对汉语写作多一点敬意。

网络时代和数字出版是导致汉语劣质化的一大原因。在互联网上，人人都是写作者，每个网站都是出版方，在急切表达的心理动因下，无数充满语病、错别字、常识错误的文章在流行，而大家也习惯了对网络读物不必要求太高的说法。被誉为未来主流出版方向的数字出版，在排版、校对、勘错方面，其草率程度要远远大于传统出版物。

《咬文嚼字》曾对方舟子、郭敬明、韩寒等12名知名博主进行过“咬嚼”，这是对网络写作敲响的一记警钟，但实际这样的“咬嚼”也只能起到警钟作用，因为类似把“见人不救”误成“见人不久”、把“日理万机”误成“日理万基”这样的错误，在网络上根本不会消失。《咬文嚼字》把“咬嚼”对象锁定名家作品的做法，带有回归性质，以指出名家错误来影响更多作者，以纠正传统名作来影响网络写作，这有事半功倍之效。

不求《咬文嚼字》的做法对传统出版业和数字出版业有立竿见影的效果，但愿这次“咬嚼”茅奖作品以及名家们的反应，能通过传播在写作者心中和出版业内投下影子、留下印象，写作或出版的时候多点“被咬嚼”的心悸。只有认真的人和较真的人多了，精品才会自然而然地增加。

一切平凡皆有意义

（2012年高考作文北京卷）

试题内容：

阅读下面的材料，按要求作文。

老计一个人工作在大山深处，负责巡视铁路，防止落石、滑坡、倒树危及行车安全，每天要独自行走二十多公里。每当列车经过，老计都会庄重地敬礼。此时，列车也鸣响汽笛，汽笛在深山中久久回响……

大山深处的独自巡视、庄重的敬礼、久久回响的汽笛……这一个个场景带给你怎样的感受和思考？

请在材料含义范围之内，自定角度，自拟题目，自选文体（诗歌除外），写一篇不少于800字的文章。

列车驶过，巡视铁路的老计向疾驰而过的列车举手致敬。思索了许久，我觉得老计可能是在向乘车的旅客致敬，可能是在向列车上为乘客服务的同事致敬，也可能是在向列车本身这个庞大的机器致敬……

但最后得到的答案是，老计试图通过这日复一日、年复一年带有仪式感的动作来表达源自内心的一种情感，这种情感包括对工作的尽职和对生活的热爱等。

按照作文材料的描述，老计每天独自行走二十多公里，检查是否有落石、滑坡和倒树危及行车安全，由此可以想象，老计的工作是孤独的，他的生活亦会充满孤独的意味。我知道还有一些很孤独的职业，比如护林员、边防人员、偏远地区的教师等，他们和老计一样，拿着不高的收入，与奢侈、热闹的生活无缘，如果没有某种朴素的观念支撑，他们恐怕很难抵御孤独。

在老计向列车举手致敬的时候，列车也鸣响汽笛——发生于深山中的这一幕，很有画面感与感染力。在我的想象中，这幅画面充满着一种莫名的温情，也充满着一种几乎可以伸手触摸到的力量。它具有振奋人心的力量，因为景象中所呈现的一切，均被赋予了意义，这意义感要高于所谓的荣誉感和物欲满足感，它会升华人的精神，让人在艰苦的职业中体会到快乐。

假若老计面对电视镜头，想必不会说出什么太过崇高的话语，因为一切平凡的意义，本身就是一种崇高。

老计让我想到了杭州那位因守卫全车乘客生命安全而牺牲的司机吴斌，他在遭受意外伤害后强忍疼痛缓缓停车、拉上手刹、开启双闪灯，这套在高速路上遇到危险后的标准处理动作，让吴斌的敬业精神一览无余。

牺牲的吴斌得到了很多荣誉，但我相信杭州乃至全国的人民，更愿意把他当作一名普通但具有很高职业操守的司机。他不是为了“英雄”“劳动模范”的称谓去牺牲自己，而是岗位要求和职业素养促使他那么做。

老计和吴斌是同样的人。这样的人还有千千万万，他们沉默、孤独，对工作与生活没有过高要求，不会改变什么，也不会试图去改变什么，但正是他们，在守护和捍卫着职业尊严之外，也为这个社会提供着最基本的保障。他们的存在让人安心，让人觉得，幸好还有他们在，人们温热的内心才不至于变得悲凉。

我们都是人海中的一滴水

（2012年高考作文天津卷）

试题内容：

阅读下面的材料，按要求作文。

两条小鱼一起游泳，遇到一条老鱼从另一方向游来，老鱼向他们点点头，说：“早上好，孩子们，水怎么样？”两条小鱼一怔，接着往前游。游了一会儿，其中一条小鱼看了另一条小鱼一眼，忍不住说：“水到底是什么东西？”

看来，有些最常见而又不可或缺的东西，恰恰最容易被我们忽视；有些看似简单的事情，却能够引发我们深入思考……

请根据以上材料，自选角度，自拟题目，自选文体（诗歌除外），写一篇不少于800字的文章。不得套作，不得抄袭。

“水到底是什么东西？”如果拿这个问题问作为人类的我，那么立刻出现在我脑海里的答案，竟然是一首来自诗人大卫的诗歌：“一滴水，伸长了脖子，就变成了河。扩了扩胸，就变成了海。再做几个俯卧撑，波涛就澎湃了、汹涌了。”

作文材料里那条被问到问题的小鱼，没有回答，假若让我代它回答的话，我会理所当然地这么说：“水是让我们鱼儿安身立命的东西啊，鱼儿离开了水，那就鱼将不鱼、变成鱼干了。”

可正是因为没回答，那条鱼才是一条哲学鱼。因为老鱼提出的问题太有哲学范儿了：“水怎么样？”有一千种甚至更多的答案，让小鱼怎么回答才好呢？所以小鱼选择“此时无声胜有声”，既然问题是关于水的，那么还是交与水回答吧，我们鱼儿对水的评价，会对水产生本质的改变吗？

当然也可以说，老鱼问小鱼的问题有点儿太平常了，就跟人类在街头巷尾遇到彼此招呼“吃了没”一样，没人关心你是真的吃过了还是没吃，有共同话题的也许会就此停下脚步聊上几分钟，彼此不太感兴趣的也就各忙各的去了——对于日常事物，我们人类通常都是如此随意地对待。

或许只有诗人和孩子才会注意那些生活中的点滴细节，会去关注雨水在石头上溅起的水花，会凝神思考洗手池里旋转着消失的水去了哪里，会在喝掉一杯清凉的白水之后突然莫名地心生感激……

活在这样一个充满触觉的世界是美好的，因为时时会有存在感。怕就怕像鱼儿一样，每天生活在水里，对水却已经无感，以为离开水照样可以如常地活下去。

有个成语叫“滴水藏海”，意思是指一个微小的物体里面也可以别有天地，很多文人墨客围绕“滴水藏海”写了很多清新隽永的小文章，可是又有多少人真正读懂了这个成语所蕴含的禅意呢？

有时候我们会被文字本身所打动，却没有沿着这感动深入下去，审视一下自己的内心所折射出的世界是什么样子。

我们渐渐失去了为微小事物所感动的能力。恶化的环境让我们对空气和水都充满疑心，乃至看到清晨草叶上的一枚露珠，都会怀疑它是不是藏有毒素。恶化的人际关系让我们对所有陌生人都抱有戒心，面对别人善意的微笑或帮助，都想要本能地逃避。

我们都是人海中的一滴水，只有清楚地知道自己这滴水是什么样子，才会对我们身处的“大海”抱有信心。

时间在流逝

（2011年高考作文安徽卷）

试题内容：

请以“时间在流逝”为题，写一篇不少于800字的文章。

注意：①立意自定；②文体自选，除诗歌外；③不得抄袭，不得套作；④不得透露个人相关信息；⑤书写规范，正确使用标点符号。

问一个五年级小孩：“你觉得时间过得慢吗？”他愁容满面：“太慢了，什么时候才能到暑假啊？”同样的问题问一个处在青春期的少年，他脸上有复杂的神情：“一个月我感觉就像一年那么漫长……”

记忆深处的一个夜晚，突然醒来，难以入眠。厨房的水龙头每隔三五秒滴上一滴，落在水池，亦落在一个少年容易感怀的心头。

那瞬间，我感觉到时间的速度和重量。在等待的过程里，三五秒变得像三五分钟甚至三五十分钟那样漫长，轻盈的滴水声穿过耳膜到达心头，犹如锤击。

漫长的时间让人绝望，它如同午夜悄然覆盖沙滩的黑色海水，而你却如一条体力尽失的弱小之鱼，在被淹没之前，只求能够小小地呼吸一口氧气。

当时间如此缓慢的时候，确实有生命被吞噬之感；但反过来看，何尝不是时间送给生命的礼物？它在每一个灵魂上都留下烙痕。以天为单位，印上均等的刻度，在刻度之间，你可以从容书写每一分每一秒。

当你的灵魂被飞扬的欲望所牵引、被沉重的生活所压迫时，你会怀念灵魂被放养的那段简单岁月。时间是从什么时候突然快起来的？25岁？30岁？抑或40岁、50岁？没人能找到那个节点，只是突然觉得，那头永远在山坡上悠然自得的食草动物，突然化身为动作迅捷、贪得无厌的食肉动物，它最感兴趣的事情就是争夺、撕扯，对此有人恐慌、有人无奈，也有人愤怒、抗争。

时间把人的生命分为两半，如同诗人所写：“一半是光亮，一半是黑暗。”也像歌者所唱：“一天用来出生，一天用来死亡。”对待时间的态度，决定我们的生命质量，把时间用来做什么，决定我们的人生方向。

时间，求求你，停下来——我们只能用自己的情感给冰冷的时间赋予热度。我相信：这个世界上会有很多人掌握了“留住时间”的秘密和诀窍，他们是那些把生命当“相册”的人，在这部“相册”里，有理想、追求、人生、情感……

蜡苹果背后的装傻哲学

（2011年高考作文辽宁卷）

试题内容：

阅读下面一段材料，根据要求写不少于800字的文章。

有位哲学家举着一个苹果对他的学生说："这个苹果是我刚从果园摘来的，你们闻到它的香味了吗？"有的学生说闻到了。三个学生默不作声。哲学家拿着苹果转了转，一个学生说没闻到，一个摸了摸问这是什么苹果？另一个说他感冒了。最后哲学家把苹果给大家传看，才知道是一个用蜡做的假苹果。

要求：请就以上材料，自定角度，写一篇文章。题目自拟，文体自选（诗歌除外），不少于800字。不要脱离材料内容及含意作文，不能套作，不得抄袭。

苹果砸在牛顿头上，让他奠定了经典物理学基础。苹果被乔布斯咬了一口，让他做出了导致一些年轻人卖肾也要买的苹果手机。

苹果被教授拿到教室里，第一个学生闻了一下说挺香，接下来的学生没闻就说挺香，有三个学生没回答。教授专门征求这三个学生的意见，第一个说："什么也没闻到。"第二个用手摸了一下问："这是什么？"第三个说："我感冒了，什么也闻不到。"

必须要说明的是，教授拿的是蜡做的苹果。苹果虽是蜡做的，但如果做工精致，且远距离观察的话，学生们很容易判断。苹果是有香味而且是能闻到的，这是常识，而不是什么充满玄机的哲学，它简单到像《皇帝的新衣》所讲的故事一样，学生们只需像那个说出皇帝没穿衣裳的孩子那样，说出实话就可以了。

按照这篇作文的命题看，教授显然是把蜡苹果展示给了全班的学生。而通过所获得的答案看，全班学生没有一个说出"蜡做的苹果没有香味"这个事实。

这其中，第一个闻到苹果的学生最不靠谱，他在闻了一下蜡苹果后说"挺香"，是眼睁睁地在扯谎。我们社会上不乏这样的人，不是有的企业盈利几亿元还总哭穷说赔钱吗？接下来没闻就说"挺香"的学生令人无奈，多说别的都无用，"庸众"二字就是用来形容他们的。

这个故事中比较让人感兴趣的是那三个一开始时没回答的学生，大胆地猜测一下，这三位同学没回答，可能是不愿意撒谎的缘故。

但仔细想想，和前面撒谎的同学相比，这三位的行为更可恶，因为他们纯粹是在回避问题，顾左右而言他。第一位说“什么也没闻到”的同学是装诚实，一推百了；第二位是明知故问；第三位是狡猾地推卸责任。这三位的共同点是：他们身上都藏有身后的装傻哲学。

装傻哲学在中国有着久远的传统，它的核心在于明哲保身，对待问题的处理方式是打太极拳，谁也不得罪，最后还扬扬自得地以为拥有了哲学意味。

面对教授所拿的苹果，如果你的回答是“它没有香味，因为它是蜡做的”，不会有人觉得你聪明，反而会让人认为你呆蠢——不但说出了事实真相，而且还道明了来龙去脉，让这么富有“哲学意味”的问题顿时寡淡如水。

哲学是个好东西，但尊重事实是更好的东西，两者的共同点是：别管表面复杂不复杂，归根结底，简单才是我们应有的生活与思考态度。

装傻的人可能会活得一帆风顺，但我觉得，只有简单的人，才能最终得到幸福的真谛。

想看见你的笑

（2011年陕西中考作文题）

试题内容：

按要求作文。

题目：想看见你的笑

要求:①文体自选；②不少于600字；③不要套作，不得抄袭；④不得透露真实的人名、校名等。

周星驰在他的电影中常发出那标志性的怪笑，伴随着笑声，这位喜剧明星还能在短短几分钟时间内，做出冷笑、奸笑、爆笑、苦笑、讪笑、嘲笑等数种笑的表情。

他的走红不是没有道理的，仔细想想你会发现，自他的电影流行后，我们的生活中就充满了各种怪笑。

怪笑最多的地方是网络。

带来笑声的有那些靠装疯卖傻走红的网络红人，有衣冠楚楚、哗众取宠的所谓“成功人士”，有被网友PS过的无辜人士……人们发明了一个词叫“围观”，每隔一段时间就制造出一个被“围观”对象，用各式各样的怪笑，在推倒权威的同时，也伤害着普通人，在揭开一张张虚假面孔的同时，也在制造着一张张虚假的面孔。

街上匆匆行走的人们，无不在埋头赶路，他们熙熙攘攘，却又各自独立，在公共汽车里挤作一团，下车之后快速散去。

他们表情里藏着焦急、忧虑、惶恐、敌意，难得一见轻松的笑。

想看到笑容，得去那些偏僻的小巷子，从提笼遛鸟、打太极、下象棋的老人脸上，可以见到那些宽容、慈祥的笑。

要么就得去幼儿园，在叽叽喳喳的童声里，可以看到一张张懵懂、纯真的笑脸。

为什么笑容只能更多地在老人和幼童那里才可以看到？谁偷走了我们的笑容？有一次在电视里看到一

部纪录片，讲的是20世纪80年代的事情，片子里的建筑没有现在城市里的建筑那样高大，片子里的人们没有现在城市里的人们那么富有，但是他们拥有我们已经丢失的东西——微笑。

不，岂止是微笑，那是发自内心真正欢快的笑，是拥有希望、憧憬、梦想的笑。

让我看到你的笑，我想看见你的笑，像一首早已不再流行的歌曲所唱的那样，“你的笑对我一生很重要”……

仰望星空与脚踏实地

（2010年高考作文北京卷）

试题内容：

请以“仰望星空与脚踏实地”为题，写一篇不少于800字的文章。除诗歌外，文体不限。

仰望星空，在少年时是我常做的事情。无数个夏日夜晚，我躺在平房的屋顶，与深邃的夜空中那些闪亮的星星深情对视，对身边嗡鸣的蚊虫视若无睹，内心被空洞的安静充满着。多年之后我才体会到那是一种巨大的快乐，因为可以在与自然的对话中感到自己的存在以及这存在本身所带来的疼与痛。

对于脚与大地的关系，我没仔细地思虑过，想想无非是踏踏实实地学习、工作、为人处世等。很多人就是这样，被当作一棵树种了下去，脚变成了根，再也无法挪动，因此也变成了脚踏原地。

少年时我常在田野里奔跑，耳边响起呼呼的风声，眼前是开阔的景象，也许这是潜意识里对于不能自由行走抱有恐惧，才会如此热爱行走。

成年之后，已经有很久没有认真仰望过星空，偶有这样的念头产生，还未付诸行动便已经觉得够矫情的了。仰望星空是一件很奢侈的事——我知道星空一直都在那里，无论去不去仰望，都改变不了星星在遥远之处闪烁。高楼林立遮挡视线，天空阴霾看不到星星，其实这些都是借口，归根结底是因为我们只顾低头走路，没了仰望的愿望。

同样，脚和大地的关系也在发生着转变。这大地上看不到茵茵的青草，看不到清澈的河流，取而代之的是很多胶水一样的凝滞物。这些凝滞物让人腿如灌铅，让人患得患失，让人心怀不安甚至恐惧，失去奔跑的欲望与能量，日复一日地消耗着内心的激情，无可奈何地生长成一棵无法挪动的树木。

所以，适合仰望星空的，是树而不是人，人只有在可以奔跑的前提下，才会在疲乏劳累的时候仰望星空，那会儿的星空是一种寄托和盼望，是一种目标和理想……

我无法做到脚踏大地、仰望星空，在心怀幻想（理想）与正视现实之间，必须做出选择，这是一个幻想与现实存在尖锐矛盾的时代，或者是一个现实坚硬到无法为幻想提供一个暖巢的时代，而我可想而知地选择了正视现实，而现实也在时刻教育着我不要心存幻想。星空与大地的距离有多远，理想与现实之间的距离就有多远。

天空中挂着的不是月亮，在物质化的眼光里，那是一张饼，谁会仰望一张饼？而失去了青春与河流的大地，每走一步都会踏上荆棘，谁又会在荆棘上奔跑？

第三辑　被收录进语文试

卷的代表作品

回忆与沉思

麦浪的故事

（入选北京市朝阳区高三语文一模语文试卷）

给你讲一讲麦浪的故事吧。麦浪其实是没有故事的，我只记得有两句诗歌：“三月轻风麦浪生，黄河岸上晚歌平。”当然还有其他一些诗人的诗，他们写过不少关于麦浪的句子。有一个现代诗人写过大量与麦子、麦穗、麦浪有关的诗，有人戏称他为麦子诗人，可惜后来他卧轨自杀了。充斥着村庄和麦香、黄金与白马的诗歌时代也已过去，所以就不打算和你谈关于麦子的诗歌了。

可是关于麦浪我又能编造出什么故事来？你没见过麦浪，不等于没见过麦苗，没见过麦苗，可总不至于没见过麦子吧？没见过麦子也没关系，我可以告诉你，你吃的面粉做成的食物就来源自麦子——关于麦子我只能告诉你这些了。但是麦浪的秘密你是不知道的，这让我有些神气起来，对于一个在麦田里举过镰刀的人来说，编造一点和麦浪有关的故事还是有生活基础的。

麦浪我也仅仅见过一次。在我十几岁的一个清晨，天还没亮我就在屋内听到院子里奶奶寻找镰刀的声音。奶奶那时候人老了，变得啰唆和唠叨。她出入于东屋、锅屋、偏房、走廊，踮着小脚搬来椅子踩着到门楼上，那些散落在各处的镰刀被她叮叮当当地扔到院子中央。院子里的自来水管响了一会儿，然后响起磨镰刀的声音。奶奶一边磨镰刀，一边埋怨镰刀锈了，才一年没用，怎么锈得这么厉害。她还埋怨我和妹妹，这么晚了，怎么还不起床；麦子该割了，雨水刚下过，太阳太毒，再不割麦子就熟掉头了。

我、妹妹和奶奶三个人站在了清晨的麦田边，太阳在背后大大的，还是蛋黄的颜色，大片大片的麦田中寂寥无人。我的奶奶开始埋怨天气，凭借她的记忆，她蛮有把握地认为这天已经足够到了收割麦子的好时候。可是到了麦田边，我们还是发现来早了，很多麦穗还是青色的，很多麦叶也还是青色的。我想那在穗子里被包裹得严严实实的麦粒，也是青色的……奶奶说，怎么办，来都来了，把麦子割了吧，麦粒已经灌完浆了，割下来放在田里晒一天，麦粒就熟了，再也不能等了，等到下一场大雨，刮一场大风，麦子就全烂在田地里了。

在我弯下腰左手刚刚握住几棵茎叶冰凉的麦子时，一阵风从背后凉凉地爬了过来，紧接着像有人在背后推了我一把。我不禁站起身挺直腰来抵抗风力，我的目光所到之处看到的景象让我惊呆了：整块麦田像海浪那样波动起来，成了一块巨大的绿色绸子，像是有人在遥远处不停地用手抖动着它，而且抖这块绸子的人来自不止一个方向，东南西北都是有的，因为我看到麦浪在随时变换着方向，像是有个顽皮的巫婆穿着她那巨大的斗篷在麦田里左突右突……

风揭穿了麦田内部的秘密，麦浪起伏处，隐约可见各类瓢虫从麦体的中间展翅飞起，把蛋生在了麦田深处的鸟惊厥地射向了高空，在天上盘旋鸣叫。我还记得那鸟鸣叫的声音，“布谷，布谷，不哭，不哭”——这是一些更小的孩子的说法。当然，在麦子根处，也是偶尔可以见到田鼠和蛇的，这个时候就要握紧镰刀，防备它们从你的脚下窜过去。麦子本来就是有香气的，你没到过麦田，相信你也能通过想象有所了解。单纯的麦田的香气是潮湿的、浓郁的，带着一点点青草的腥气；可麦浪起时味道就不一样了，这香味里掺杂了一点点泥土的味道，各类虫子飞起时带来的虫体味道，这麦浪的香气那么狂野……

如果让我用一个词来形容麦浪的话，也许我只能用狂野这个词语了。你能了解一个少年站在田野中间，站在天与地中间被风吹荡着的感觉吗？那一瞬间，整个世界没了别的人，也没有了别的植物，他的眼睛里是大片大片麦子的舞蹈，千千万万株麦子，它们有的粗壮，有的细弱，可在风来时它们都仿佛一下子鼓足了勇气，尽管是倒下的姿态，可仍然能令人震惊地看到它们想拔地而起的愿望。风是它们的摇滚乐哪！麦子也有疯狂的时候，那一刻它们大概忘记了自己是人们的食物，那一刻它们身上具备了某一种灵性，但我相信它们不是出于即将被收割的恐惧，而是在生命最辉煌时集体参与的一次朝拜。

麦浪起伏，一个少年的懵懂被惊醒，在这狂野的麦浪前，我觉得自己渺小得像个七星瓢虫。我摘掉了黑框的眼镜，麦田在我眼里清晰无比。麦子对我敞开了它们的怀抱，让我看到了它们打开的内心，麦子像我一样几乎具备了脆弱和坚强两种性格。这种心灵深处的认同感，让我举着闪亮的镰刀向麦田深处走去。

麦叶划动着我的裤管，纠缠着我的双腿，让我行走艰难，可这阻止不了我试图在麦田里奔跑起来。只有奔跑，才能让我感觉自己也是一株麦子，沉睡过一个冬天，被雪覆盖了一个冬天，等到春天来临，雪像眼泪一样渗到土地深处。那眼泪带来的营养，遇到温暖的风就会疯长起来。如果五六月的时候，经过一场风的吹拂、一轮太阳的毒晒，用手指测量，你会发现，几乎每天麦子都会以一个指头那样的速度生长，等它生长得足够高，经历过几场大风大浪之后，也就到了生命的尽头了……

也许我这么说是错的，麦子的生命是没有尽头的，它在我们的身体里以另外一种方式活着。我怀疑我这些年吃的麦子都是在温室里长大的，因为我从没从它的味道里品尝到过风暴的味道。在麦浪中起伏过的麦子，它的内心会更成熟而沧桑些吧……

这就是我给你讲的麦浪的故事。它其实不算一个故事，因为连我都忘记了麦子什么时候成熟，什么时候收割，我们住的城市里看不到一株麦子，那些麦子在遥远的地方……

一条河流和我的命

（入选云南昆明市高三下学期语文开学考试试卷A卷，江苏无锡青山中学2019年高考一模语文试卷）

窗外就有一条河流，因为是冬天，河床干涸了，偶有几汪水，远远望去，如反光的镜子。虽然是河流，却看不到河水，映入眼帘的，是深冬的枯草，还有寒风卷起不明物体在河岸边盘旋。这样依河而居，算是有真正的河相伴吗？我不知道。

记忆里有条河流，是和现在看到的河流完全不一样的。先说说它的名字吧，它叫白马河，是我家乡的一条河，不知道它的源头在哪里，只知道它穿越前狼湖、中狼湖、后狼湖这三个村子，然后紧挨着我们的村子——大埠子汹涌地流过，也不知道最终流到哪里去。

每个人的出生地，或远或近都有一条河，这条河通常会被称为“母亲河”。喝它的水，用它浇灌土地，在河里洗衣服。白马河的确像母亲一样，照顾着堤岸两边生活的人们。在我的印象里，白马河从来没干涸过，有的时候水势还大得吓人，但它也从未决堤过。这是一匹温顺的白马，它只顾奔跑，随意留下恩泽。

如果想要开始讲述一条河的故事，那么你一定会猜到，我会讲那些在河里和牛一起洗澡、抓鱼捕虾的快乐事。我的童年和别人在河边的童年没有什么太大的区别，所以就不说这些事情了。还是说说别的吧，比如对河水的感受、河水和我生命的故事。

第一次对白马河有特别的感受，是童年时有一次姑父带我去河里洗澡。那是夏夜天色刚黑的时候，忙了一天的农活，也吃过了晚饭，大人们三三两两带着孩子去河里洗澡，这跟城里人到点了打开淋浴莲蓬头洗澡一样，是个习惯。时间久了，村里的人家各自在河道里有了自己的地盘，而姑父所占领的地盘，是相对很窄的一座桥的下面。

记得那个夏夜空气燥热，而河水温润，我的手里握着姑父给的一条白毛巾，浮躺在缓缓流动的河水里。远处的村落静谧无声，夜空的颜色是一种神奇的湛蓝，月光与星光倾洒在河面之上。

从某一个瞬间开始，我的毛孔仿佛被无声地打开，整个人的重量开始变轻，觉得自己变成了河面上的一片树叶、一条小鱼、一只不慎落水又挣扎着跃出水面的小鸟——或者随便是其他的什么吧。

那算是河水对我的一次启蒙，河水告诉了我一个孩子和自然的关系。当然，一个农村孩子每天生活在乡村，随时随地接触的都是自然，但正是这样，才会对身边的一切熟视无睹。

而那晚的河流分明在启示我一些什么，它瞬间打开了一个孩子头脑里的魔盒，看不清楚那个魔盒里装着什么，但是却能发现那里的世界很绮丽，它催促着一个孩子顺着被某种感觉启动的方向走出，走出河流，走向遥远。

第二天清晨的时候，我又急匆匆地跑到昨晚洗澡的那个地方，仿佛寻找什么。但河流恢复了原来的样子，如你喜欢的女子背过身去不再看你。这是条普通的河流，尽管在某天夜里它曾那般地不寻常。

关于白马河，也不尽然都是美好。传说这条河每年都要淹死一个人，连续几十年无一例外。为了解释这个匪夷所思现象发生的合理性，村庄传说是河神需要“贡品”。孩子们没见过人被淹死的场景，非但不知道害怕，反而对此传说有着莫名的“愤怒”，我也是这样的孩子之一。

小学四五年级的那年暑假，我们几个好朋友一起来到白马河最宽阔的桥面上，据说这段桥下面是淹死人最多的地方。从桥面到河面的距离有十几米，我们在某种“愤怒”的情绪驱使下，一次次地从桥面上纵身而下，跳进河里，再往深处游，用手触摸河底的沙子。然后浮上来，再跑回桥上。如此反复地跳，不记得跳了多少次，直到跳得头昏脑胀，手脚上的皮肤都被泡白了。数了数一起跳的朋友还在，一个也没死，就兴高采烈地回家了。

但好运气是会用完的。我一直觉得是那次跳河游戏挑衅了“河神”，才导致后来差一点儿死在了白马河里。那天如往常一样，在中午最热的时候，和村里的大人、小孩们一起泡在河里消暑。我独自向河对岸游去，这没什么，经常有人游到河对岸去，只是大人们不让孩子们这么干，因为觉得小孩会体力不支被河水吞没。

我被河水吞没了。怎么形容呢，那种感觉的确像是有人在河底生拉硬拽着你的腿；恐惧，但全身类似瘫痪；想大喊，但只要一开口河水就会顺着喉咙往下灌。我拼命地用自己掌握的那点游泳技巧往水面上浮，耳朵能听到自己发出的类似于咕噜咕噜的声音。河边有人在大笑，那是他们觉得我在表演“装死”——经常有孩子这么干，把大人骗过来。就在我失去意识、整个人也放弃了的时候，一个大人游到我身边，把我拖上了河岸。

我像条鱼一样在岸边干热的沙土上吐着水，吐了许久才把水吐干。大人们说说笑笑地散去了，能走路的时候我拍拍屁股也回家了。这在乡村不算什么大事，一条河试图吞掉一个孩子，但最后这条河没能得逞，这个孩子命大……如此新闻，顶多能热闹半天就随风而逝了。

几天之后，我在白马河边站了良久，只是没有下水。再几天之后，我们举家迁往城里，与白马河彻底告别。

这是我对白马河的回忆，它曾让我第一次体验到生命中那近似瑰丽的一幕，也曾用神秘的力量想要夺走我的生命。

在漫长的时间里，我是把白马河拟人化的，但具体又说不清楚它究竟是哪个人，它既疼爱你又恨你，既滋养你又扼杀你，它只对留下来的人有这种让人百思不得其解的情感，对于离去的人却近乎无情的冷漠。我常常想起故乡，想起村庄，却极少想起那条河流。

我常常就是这样，会记得一些轻轻浅浅无聊的事，却会忘却那些曾在生命里刻下幸福印痕或者隐约伤痛的事物。

县城
小书店

（入选2018年福建泉州中考语文试卷，入选北京市大兴区2019—2020学年中考语文二模考试卷，另入选山东潍坊、广西来宾、新疆乌鲁木齐、河北承德等十余地中小学语文试卷）

又看到那家小书店了。我牵着小侄子的手，带他去买书。门口收钱的，是一个二十多岁的姑娘，长而柔顺的头发，面容清秀，露出温婉的气质，和我二十年前看到的那个书报亭的姑娘差不多，现在这个姑娘不会是过去那个姑娘的女儿吧？

想起我少年的时候，这个书店还只是电影院门前的一个书报亭，那是整个县城除了新华书店、图书馆之外最有文化氛围的地方了。那会儿我刚刚迈入文学爱好者的门槛，正处在阅读的饥渴期，但到这个书报亭买杂志，还是犹豫很久之后的事了。

在去书报亭买杂志之前，我一直都是在图书馆阅读免费的报纸和杂志的。图书馆很小，报纸和杂志就那么多，通常只用一天的时间，感兴趣的报刊就读完了。没东西可读的日子，总是有点儿难过。想去买本杂志来读，可觉得它们的定价实在是贵呀。

所谓的贵，其实也就是一本两块钱吧。那时候我帮六叔做杀猪的生意，但作为一个打工者，六叔却没有付我工钱。至今我还拿这件事向六叔抱不平，他总是讪讪一笑，说："你那时小，要钱有什么用？"

我一直没告诉他，我想去买那些杂志，那些叫《诗歌报月刊》《星星诗刊》的杂志。那会儿，如果稍稍去晚了几天，这两本文学杂志就卖光了。卖杂志的姑娘会用她干净而柔软的眼神看我一下，意思大概是，下次早来几天吧。

那时的我，总觉得和书报亭姑娘的世界相隔得太远。想一想，人家是在书报亭工作的姑娘，应该是多有文化的人啊，书报亭的那个玻璃橱窗，就足以把我们远远隔开了。

所以，我常一直远远地望着书报亭。在每个月当中的几天时间里，忙完六叔杀猪的生意，我会用水和香皂把自己洗得干干净净，换上白衬衣，骑着自行车来到书报亭前，从窗口递过去两块钱，从那姑娘手里接过一本崭新的、散发着油墨香的杂志，有时甚至来不及回家，就在街角把整本杂志从头到尾翻了一个遍。

我仔细回忆了一下，除了有人来买杂志，其余的时间她都是埋头在一本杂志或书里，仿佛阅读才是她的工作，看守书报亭是额外的事情。我也不晓得她记不记得我。我清楚地记得，在我离开家乡数年后，重新再看到她时，她的眼睛一亮，似乎想和我说句什么话，但最终什么都没说。

作为我在家乡的牵绊之一，这个书报亭寄托着我的某些感情，这些感情和梦想有关，和未来有关。因此，在离开县城的前一天，我像往常那样去了那个书报亭。这次我没有买书，只是静静地在那儿看了一会儿。她也一直静静地读着书。这样的情景持续了一个多小时，我不记得当时是什么心境，也许什么情绪也没有，只是前来完成一个简单的告别。

在离开家乡的最初五六年，我每次春节回家都会到书报亭那里去待一会儿——后来它已经变成了一个小书店。我在书店里翻几本书，消磨上一小段时光然后离开。在书店门口收钱的有时还是那个姑娘，有时则是一位老大爷。我是一个陌生的客人，没人知道我内心静静流淌的情感。

2012年秋天，我牵着小侄子的手离开那家书店，手里拎着厚厚的一摞新书。《星星诗刊》等已经买不到了，文学类书籍也被教辅类书籍挤到了一个角落里。离开书店的时候，心情仍然是平静的，曾经的一点点惆怅也消失了。书店在我心里，已经只是一个物理意义上的存在，那个曾驻在我心里的书报亭，已经成为永远而恒定的过去式。

从天而降的母亲

（入选陕西省七年级下学期语文期中测试试卷、江苏省2020年中考语文一模试卷（I）卷，以及安徽阜阳、湖南岳阳、河南周口、广西崇左等多地中学语文考试试卷）

习惯了和母亲告别，每一次我们母子二人分开，谁也不回头再看一眼，我也不是刻意狠下心肠，只是习惯了告别。

许多年以前，一直有个问题想要问她：你为什么要离开我们？这个问题在我30岁之后，就再没有任何想问的念头了。小时候不懂大人的世界什么样，等自己成了大人，那些小小的问题，还有什么需要问的吗？

童年时刻骨的伤痕，有一部分来自母亲。有一年需要交学费，我在一个水塘边跟她要钱，不敢看她，仿佛自己在做一件错事。她说没有，我一直盯着那片池塘绿色的水纹在看，觉得世界坍塌，时间停滞，万念俱灰。

母亲走了又回，回了又走。每次回来的时候，都说不会再走了，她在院子里看着我的眼睛说："这一次我不会再走了。"我的心里欢呼雀跃，却表现平淡，最多说一个"好"字。当她第三次从她改嫁的那户人家想要回来的时候，被挡在了紧锁的门外。那天下了大雨，她跪在满是泥水的地上哭。

我以为她不会再离开我们，但几个月之后，她又无声无息地消失了。我从此不再相信她。但也知道她有自己的苦衷，一个失去了丈夫的女人，在一个不但贫穷而且不讲理的大家庭里，想要有尊严地活着，是多么艰难的事。

我以为是恨过她的，但根本就没有。对别人都不会有，何况对她。在我那奇怪的童年里，脑海里被混沌与奇思异想充斥着，没有恨意成长的空间。当然也没有爱，不知道爱是什么样子，什么味道，活得像棵植物。

在我漫长的少年时代，与母亲再无联系。10多年的时间，音信皆无。她是怎么过的，我不知道。中学时，有同学问到父亲、母亲，我通常选择不回答；如果非要回答的话，就会用淡淡的一句：都不在了。那时我和母亲居住的地方相隔30多公里，但这段路程足以用空茫来形容，我和她之间，大雾弥漫，我不找她，她也不找我。

盼望母亲会突然来看我，像小说或电影里描述的那样，穿着朴素的衣服，带着吃的，敲开教室的门，而我在同学的注视下羞惭地走出去，接过她带来的食物，再轻声地赶她走。在脑海里重复过无数次这样的场景，每逢有别的家长敲门的时候，总觉得会是她。

直到我20岁那年，在县城里，我和一个女孩谈恋爱了。母亲仿佛专为此事而来，她笑着问我想要什么礼物。在得到我的答案之后，她给我买了一辆昂贵的变速自行车。那段时间，无论白天还是深夜，我都会经常骑着那辆自行车在街道上飞奔，经常把那辆自行车擦得锃亮，经常觉得自己是一个富有的人。

慢慢地，我回忆起来，母亲并不是一点儿也没关注过我。每年去她住的那个村庄给我父亲上坟的时候，她会躲得远远的，在某一个角落里看我一眼。而我不知道她在那里，或者，就算知道，也装作不知道。

23岁那年，我结婚。有人问我，愿不愿意让我妈妈过来。让啊，当然让。那时候已经有了一些家庭话语权的我，开始做一些属于自己的决定。儿子结婚，母亲怎么可以不在场。

那是第一次觉得母亲像个慌里慌张的孩子。她包着头巾，衣着俭朴，略显苍老。我喉咙干涩地喊了声许久没喊过的“娘”，妻子则按城里人的叫法喊了声“妈”。母亲显得紧张又扭捏，想答应着但最终那声“哎”没能完整地说出来。

婚礼前一晚的家宴，一大家子几十口人，在院子里、大门外的宴席上，吃得热闹非凡。母亲怎么也不肯上桌，任凭几个婶子死拉硬扯，她还是坚持等大家吃完了，在收拾的时候，躲在厨房里偷偷地吃几口。婚礼那天拜堂，司仪在喊“二拜高堂”的时候，却找不到母亲了。

客人散去，三婶告诉我母亲在楼上哭。上楼去看她，她立刻停止了哭泣，像个没事人一样。那一刻我意识到，这么多年，仿佛她从没关心过我，我也从未关心过她，这么多年的时光，我们都是怎么过来的？

妻子跟我说：“有你妈在真好，别让她走了。”我说好。但在母亲面前，怎么也说不出口。

25岁那年，拖家带口漂到北京，妻子背着我给母亲打电话，说让她帮忙带几个月孩子，还承诺，只要把孙子带大，以后就一定会像对待亲妈那样对她好，养她的老。母亲来了，我们一家人终于有了真正意义上的一次团聚。

那段日子很苦，母亲跟着我们在暂住的村子里搬来搬去，但是大家都很开心。母亲教育孩子还是农村的那套老办法，把她不到1岁的孙子宠得不像话。我常奚落她："别把我儿子宠坏了！"

"小男孩哪有不调皮的？越调皮越聪明。"母亲总是坚持己见。

儿子学会了叫爸爸、拍手、再见、飞吻等活儿，自然叫得最熟练、最亲切的是"奶奶"。每到此时，她都异常高兴，从来没见她这么开心过。她有很多民谣，如："宝宝要睡觉喽，奶奶要筛稻喽。"几乎每一首都和奶奶有关。

有一次妻子略带讽刺地跟我说："瞧你，在你妈面前还撒娇呢。""有吗？""有。""不可能。""真的有，别不承认。"我是不承认有的，仔细回想了以后，还是不承认有。也许只是觉得生活有趣，显得过于乐天派了一点而已。

这次是真的以为母亲会永远陪着我们了。但又一次的分别摆在面前。母亲在她的村庄又有了一个自己的女儿，母亲还要照顾她。要走的前几天，她一遍遍地和孙子玩“再见”的游戏。等到孙子睡着的时候，她一句话不说，沉思着，一会儿想想，一会儿笑笑，在我看来，她又成了一个陌生的母亲。

母亲坐上出租车，脸上恢复了那种严肃的表情。也不看我，话也不多，无非是说少和媳妇吵架，少喝酒，多带儿子玩之类的。我尽量表现出无感的样子。这是一位从天而降的母亲，也是一个身不由己的母亲，我已没法，也不能再要求她什么。

又是漫长的十几年过去。时间过得太快，忙着生活，忙着追名逐利。每年能够再见到母亲，就是春节期间。我带着两个孩子，按惯例去给他们的爷爷上坟。在堂弟家门口，母亲会过来，看看她的孙子和孙女。当年她带过一段时间的孙子，如今已长成一个175cm的大块头。在那短暂的半个多小时里，妻子和孩子与我的母亲，像任何一个普通的家庭成员那样，平静又愉快地说着话，会笑，会拍打肩膀，会拥抱，再不舍地告别。我在远一些的地方看着，并不凑上前去，还是不知道该和母亲说点什么，也许什么都不用说了吧。

最后一次见到母亲，是从乡村回县城的时候，母亲与我们同行。我开车开得有些快，母亲晕车，半路的时候不得不停下来，母亲蹲在路边呕吐。我在司机位上通过窗户看到母亲的样子，内心翻江倒海，那个久远的问题又飘回了心头，母亲，为何我们会成为现在这个样了。

我下车来到母亲背后，默默地给她捶着背，无声地开始流泪。

粮食的味道

（入选全国初中语文中考总复习阅读理解专题训练）

我喜欢粮食。经过超市粮食摊的时候，总忍不住要停下脚步，对那些堆放在木格框里的各种粮食打量一番，大米、红小豆、绿豆、花生……有时候也忍不住用大勺子把粮食抄起又洒下，内心忍不住发出一两声赞叹，这是粮食啊!

什么是粮食？粮食就是一口吃的东西，在超市里它是最便宜的售卖品了，消费者脚步匆忙地奔向花花绿绿的货架，没几个人愿意在买粮食时多花几分钟享受这个过程。

粮食买回家，用电饭煲做熟了端上桌，孩子不爱吃，对他生气也不行。自己把碗端过来装作很饥饿的样子扒拉几口，也产生了疑惑，怎么不再是童年吃的粮食味道了？粮食的那种独特气息怎么消失了？粮食怎么只是有了“食粮”的功用，原来承载的那些由香味、自然、情感等元素构成的滋味为何不见了？

我的记忆里，储存着粮食的味道。童年时一个大家庭用一口大铁锅做饭，半锅的水抓一把大米扔进去，快熟了的时候再浇一瓢磨好的豆浆进去，煮沸腾了就是一锅稀粥。那碗稀粥的滋味已经是不错，但粥锅里的布袋捞出来，才是真正的美味，因为布袋里装的可是货真价实的米团，用小钢勺挖一小口放进嘴里，大米与大豆融合后的香味直冲鼻腔，经历过柴火的熬煮之后，米团的糯软通过舌尖一直传递到内心深处……可惜，这样的米团只有家里最小的孩子才能吃到，我好像只吃过几次就失去了资格。

一直觉得，粮食不是简单地只是粮食，它们还是大自然的子孙，是有生命的。在田里劳动的时候，我经常可以感受到粮食的生命韵律。比如割麦子的时候，一颗颗饱满的麦粒藏在一穗结实的麦穗里面，剥开来看，麦粒还带着一点点青涩。在凝目观察这些麦粒的时候，总觉得它们像是要急不可待地逃离“家园”，想要在太阳的照射下晒一个肆意的日光浴，要在滚烫的麦场上开心地打几个滚。

过去品尝粮食，麦子也好，水稻也好，玉米也好，都能尝出它们的成长经历，觉察到它们是如何在暗夜中随着“母体”摇曳的，当风暴来临时，它们又是怎样紧紧挨在一起相互扶持的，它们在细雨中聆听骨节生长时所发出的声音，在阳光灿烂的时候随风舞蹈……它们也会相爱吧？两株植物的恋爱多么美好，它们不说话，时而靠近，时而分离，借助风传递心声，一同守望朝阳、夕阳。

母亲总是能把各种各样的粮食做出令人感到温暖与幸福的味道。不止我的母亲如此，村庄里的每一位母亲都可以。小时候总爱闻远远飘来的炊烟，一点儿也不觉得呛的原因，是那炊烟里总是带着粮食的香气，比如我家的炊烟，就时常掺杂戗面馒头的味道。

母亲把揉了整个下午的馒头放进锅里，一捆麦草烧完，掀开锅盖，先是要眯起眼睛，等待扑腾起来的蒸汽消散，再快速地把手伸进锅里，捏起一个白胖的馒头就跑。在院子里，把那只烫手的馒头从左手倒到右手，从右手倒到左手，等不及凉到可以入口，就迫不及待地大口咬下去，馒头的热度会把牙齿也微微烫到。这样的馒头，才是最好吃的。

有时候母亲着急下地干活，来不及熬米粥或者做馒头，就会从锅里煮的地瓜中挑几个好看的给我们当食物。要知道，这些地瓜通常是喂猪的，可每次我都吃得心满意足。地瓜皮软瓤红，从内到外都甜丝丝的，但又不是冰糖式的那种齁人的甜，是吃完后打个饱嗝都会涌到嗓子眼儿的美味的甜。这样的地瓜，已经有一二十年没吃到了。从超市里买来的地瓜，在粥里煮熟了之后，入口一点儿味道也没有。它不是经历过日月风雨洗礼的地瓜，不是在土壤里做过美梦的地瓜，也不是母亲栽种的、收获的、煮熟的地瓜。

现在的社交媒体上，经常看到有人形容美食用到这四个字，“好吃到哭”，一般这样的形容可信度不太高，你若去尝试一下，发现不过如此。真正“好吃到哭”的，还是过去的粮食啊。你去翻翻莫言、贾平凹、路遥的书，那里面描写吃食的片段，才会让人流泪。只不过，不只是为他们描写吃到好东西时流露的感激而流泪，更是为他们这一代人所承受的饥饿与苦难而流泪。

也有可能是，粮食本身的味道并没有太大变化，而是我们的味蕾变了，因为品尝到世间太多的美味，而失去了对粮食的感受力。我们已经不用再闭上眼睛，去体会粮食在舌尖上打转的滋味，如同不用时时回头去翻阅过去那几段食不果腹的历史。我们对包括粮食在内的诸多事物，也不再有那份小心翼翼的珍惜，这样的状况下，粮食的味道能不变吗？

别骂香蕉

（入选中考网2018年初中语文课外阅读题库，福建仙游2021年春节八年级〔下〕语文期中试卷）

有天下班回到家，儿子把我拉到玻璃餐桌旁，桌上摆着两根香蕉，颜色、个头都相差无几，像孪生兄弟。我猜测儿子的意思是让我把香蕉吃掉，但他说的话却吓了我一跳，他说："爸爸，你挑一根香蕉骂一顿！"

为什么要骂香蕉？试想一个刚下班风尘仆仆的中年男人，来到家手还未来得及洗一把，就冲着一根香蕉开骂，这事传出去准会被人当作神经不正常。所以，我觉得儿子出的这个主意也够馊的，但接下来他的一番话让我陷入了沉思。

儿子的确是想拿我做一个实验，据他说，两根香蕉摆在一起，如果你挑一根冲它大骂30分钟的话，它会比另外一根没挨骂的率先皮肤黑掉，扒开吃它的话，味道也会不如另外没挨骂的那根。骂它什么呢？总不至于将“无耻、混蛋”之类的词汇加诸它身上吧。想想一根香蕉也不容易，人家自热带不远千里而来，却被人类剥皮果腹，命运就够多舛的了，临死之前再挨顿臭骂，就算是香蕉也会“死不瞑目”的。

骂一根香蕉，无非说它样子难看、身材不挺拔、皮肤没光泽之类，可是，这些和香蕉有啥关系？但据说，有人真的做过这样的实验，被骂的那根香蕉果然率先“衰老”下去，而且口感发涩。我不相信这样的试验有科学依据，如果非要做一次实验的话，我宁愿夸奖一根香蕉，对它说一番赞美的言辞，然后检验一下被赞美的那根香蕉，是否会更饱满和可口一些。

后来读了一本书，一个日本人写的，名字叫《水知道答案》。据说它和《时间简史》一样，是本神奇的科普读物。我读到它的时候，它已经在很多国家畅销数年了。这本书的内容，初看上去和骂香蕉一样有点不可思议，甚至更离谱。它写的是，作者通过拍摄水结晶，发现了这样一个令人难以置信的现象：当水听到“爱”或“感谢”，包括美好的音乐，都会呈现出美丽的六角形，或者与乐曲风格相对应的浪漫、忧伤、明媚的样子出来，而如果被骂作“混蛋”，水几乎不能形成结晶。

这太神奇了！而作者通过实验室拍摄的水结晶图片，似乎也在证实这个实验的真实性。我着重看了那张几乎不能结晶的水的图片，好像隐约可以感到水内心的不安和颤抖。我觉得我上当了，被作者带进了某种心理暗示里，但马上我又为自己的这种想法感到羞愧。这个世界原本是多么纯洁啊，就是有了人类种种猜测、怀疑和不信任，才变得如此复杂起来。我们又不是水，怎么会了解水世界的奥妙呢?

同样道理，我们也不是香蕉，亦不会了解一根香蕉的童年、青春与成长。我们虽然不会开口骂一根香蕉，但却会抱怨它的味道不好，吃了一口便将它扔到垃圾桶里，谁能保证不是我们自己的味蕾出了问题?

睡前去儿子的房间和他说晚安时，我站在床头对他说了一句，“我不会骂香蕉的”。不知道他听没听懂我语音里的歉意。以前在生活中，因为一些小事我骂过儿子，现在我想起来他挨骂时那种无所适从和茫然的样子，那会儿，他内心的水晶肯定也无法组合成美丽的形状……

关于
老家

（入选北京市通州区2019—2020学年〔上〕高三摸底考试语文试卷）

关于老家，很长一段时间里我有着复杂的情感。古人说“近乡情更怯”，这种情怯的感觉我体会了十多年。你不曾远离故土这么久，也许没有更深的体会。

现在不再有情怯的感觉，是因为经过漫长的、痛苦的撕扯，我总算明白了自己与老家的真实关系，也寻找到了那些曾让我不安的源头，一切都是因为一个“故”字。

因为太眷恋“故”这个字，所以一直觉得，那些古老的、不变的事物，才是熟悉的、亲近的、安全的。每每回到老家，就会一头扎进那个由“故”组成的小圆圈里，体会着幸福，也体会着疼。

在故乡，有一个序列，在这个序列当中，有一个属于你的位置，不管你走多远，这个位置都会为你保留。只要回来，你就要填补进来，成为这个序列运转的一部分，发挥你的作用，承接你的责任。

可是，你知道的，这个时代变化迅速。故乡在变，离开故乡的人也在变，这两种变化交织在一起，就会构成一个巨大的、让人茫然的空间，那个固定的序列，也会遭到强烈的冲击，这个时候，想躲避疼，是不可能的。“故乡有时候像母亲推开儿子一样，会逼着你远行，让你带着疼想她。”

这么多年，每每回乡，总会感受到身份困惑。

比如这次回来大家一起吃饭，到了敬酒的环节，我就不知道该先以本地人的身份敬我带来的外地朋友，还是以“归乡客”的身份敬热情招待我们的朋友。外地朋友和本地朋友进行了短暂而热烈的讨论，那我就“先干为敬”吧。

必须要有新的办法，来重建与故乡的关系，找到自己的身份。这个办法我找到了，就是用最大的热情，来拥抱一个崭新的故乡，无视一切评价体系，像到任何一个自己喜欢的旅游目的地那样，充满好奇与喜悦地打量故乡。

一个新的城市，正在从老城脱胎出来。新的城市里，有沿河兴建的湿地公园，有跑道，有游乐场、书店、咖啡馆、闪着霓虹的商店……当你站在局部的角度去看的时候，会错觉这里是生活过的大城市。

我要承认，产生回乡度过余生的念头，真的是因为看到这些新的环境的产生。家乡新城的诞生，似乎为故乡人与漂泊者这两个身份，提供了一个黏合的机会。

导演贾樟柯2017年的时候决心逃离北京，回归故乡。他在位于山西汾阳的贾家庄，开了一家电影院，开了一家名为“山河故人”的饭馆。他喜欢这种生活：三五杯酒后，朋友们呼唤他的小名“赖赖”，告诉他应该要个孩子，他们为他的老年担忧。贾樟柯说：“只有在老友前，我才可以也是一个弱者。他们不关心电影，电影跟他们没有关系，他们担心我的生活，我与他们有关。”

“很多人逃避自己来的一个路，来的一个方向，尽量地割断自己跟过去的联系，我自己就不喜欢这样。”贾樟柯写了一篇还乡文《我们真的能彼此不顾、各奔前程吗？》，文章里细细描写了他重访高中同学的故事，回忆了高中时在故乡的生活情境。他在文章里这样写：“我决定把今天的事情忘记，从此以柔软面对世界。是啊，少年无知的强硬，怎么也抵不过刀的锋利。”

写出过《周渔的火车》等著名小说的作家北村，也在2017年离开生活了十六年的北京，回到福建长汀的家乡，开网店售卖当地的原生态农产品。他用自己数部小说作品的名字，来命名他销售的各种禽蛋、农作物。

文史作家十年砍柴，老家是湖南新邵，他有两篇与故乡有关的文章读着令人动容，分别是怀念父亲与祭奠母亲。为了满足父母的愿望，他回乡在老屋地基上新建了楼房，父母的离世，并没有切断他与故乡的联系。在人生进入下半场的时候，故乡的亲人，还有那片土地上的一切，都成为生命里的重中之重。

我想，我会追随他们的脚步。

（摘编自韩浩月长篇散文《给某某的信，兼致故乡》）

《山海情》：来自青年人的平等注视

（入选2021年北京市丰台区高三二模语文试卷）

讲述福建对口帮扶宁夏，使西海固地区人民过上美好生活的电视剧《山海情》，豆瓣开分9.1分，目前上涨至9.3分，成为2021年开年最受关注的电视剧作品。

很多人都不会想到，扶贫剧有一天也会成为“爆款”。因为《山海情》的成功，不仅在于它集合了一众金牌制作团队，人物形象真实，剧情符合时代特征，更在于它真正脱离了“宣传片”的概念与出发点，用真诚创作的心态，以平等的视角，去观察和反映贫困地区民众的生活方式与精神状态。

将贫困乡村与乡村人的困难“景观化”，以极小一部分人好吃懒做为由将整个被帮扶群体“污名化”，是很长一段时间以来人们的刻板印象。贫困因何而来？环境局限、历史成因、思想观念……这些都有可能是原因。由于有些人将贫困群体当成“他者”，长时间处于对贫困的想象和建构中，导致有的影视作品也带上了一种创作者的精英凝视。加之当下确实有一部分扶贫剧创作带有任务性质，在完成任务的心态下，创作者用敷衍或居高临下的态度制作作品，并没法到达观众的内心，更不能让观众通过扶贫剧真实地观察到贫困地区的问题。

但实际上，贫困地区想要得到的，并不仅仅是资金、项目和嘘寒问暖，而是发自内心的尊重。贫困地区就像一面镜子，你想要让它呈现出一种什么样的状况，它便会给你一幅你想看到的画面。电视剧创作，恰恰需要打破并越过这幅“画面”，进入贫困地区的内部与深处，发现真实的乡村图景。

目前已播出的剧集中，我们能够看到的是，剧中呈现的村民在脱贫致富过程中所遇到的问题都很细枝末节、很生活化，都是现实生活中会遇到的问题。而剧中的扶贫干部并非万能，也无“主角光环”，村民的不理解、技术上的不懂行、手中资源的不足——扶贫干部所能遇到的真实困难，都刻画在了剧情细节之中。

这也表明了扶贫剧创作需要解决一个最基本的逻辑问题：作为个体的扶贫干部不是万能的，不是随着扶贫干部的到来，资金、设备、平台、渠道等难题都能迎刃而解。必须要表现好扶贫干部背后的国家力量、时代潮流、人心所向，唯有如此，扶贫剧里的人物才会真正地鲜活起来。

《山海情》之所以还能打动如今的年轻人，是因为剧中为脱贫而奋斗的村民里，很多都是年轻人。从贵州等省份近年来脱贫攻坚的报道中可以看到，一大批受过高等教育、具有知识分子身份的年轻人，承担起了扶贫的重任。而《山海情》剧中的村支书也是一位农校毕业不久的年轻人，这和以往的一些扶贫剧将扶贫干部的面孔进行模式化、呆板化的表达不一样。

年轻人参与扶贫，他们给贫困地区带来的除了一些硬性的政策支持，更多的还是他们的年轻、朝气与锐气。他们打破了阻碍城市与乡村流动性最关键的“闸口”，他们让新的理想追求、新的生活方式、新的需求信息如潮水般涌进贫困地区。年轻人扶贫，其实更是一次知识与文化的“洗礼”。

沿着扶贫的道路，知识精英、青年群体的“返乡”，使厚重的中国乡土文化迸发出了活力。贫困地区与发达地区之间的流动性，可能从未如此之高，这要感谢“信息洪流”与“观念水位”带给贫困地区的巨大影响，更要感谢青年群体对乡村充满感情的注视。

这注视，是热忱的，也是平等的。他们不以“牺牲者”或“奉献者”的身份自居，如此，才能真正博得贫困地区群众的信赖，才能真正激发贫困地区脱贫奋斗的巨大能量。扶贫剧制作与拍摄，不妨在这方面多去寻找与挖掘。

消费莫言的两种方式

（入选青海师范大学附中2015—2016学年高一语文试卷）

回望莫言获奖至今的舆论氛围，谈论金钱要远远多于谈论文学。从帮他分析奖金怎么花，到帮他计算未来版税能收入多少；从网络书店高价出售莫言手稿、天命书，再到抢注莫言域名，出售“莫言同款衬衫西服”……拜金主义气息混合着被强行提炼出来的国家主义自豪感，共同构成了一个怪异景象：莫言获奖的文学意义和文化意义被剥离出去，只剩下一场以金钱为核心的集体狂欢。

莫言获得诺贝尔文学奖后，翻看报纸上的畅销书排行榜，莫言作品有数部上榜，且占据了榜首位置。这给人一种错觉，文学在中国又重新金贵起来，甚至会产生这样良好的愿望——如果像莫言这样的作家的作品，能一直在畅销榜上该有多好。读书可以折射出一个国家的人的精神状态，一个举国热爱文学的国度，该是多么令人向往。

但很快有泼冷水的人来了，发出了这样的提问，那些抢购莫言图书的人在莫言获奖之前知道他是谁吗？其实这样的质疑价值不大，读者有权用自己的方式在合适的时间消费莫言，就像消费者被一则电视广告打动而去购买某产品一样，诺奖这个大广告铺天盖地，对莫言知之甚少或干脆不知莫言为何人的读者，去买几本莫言的书来读一下，这是再正常不过的事情。

作家已经许久没有成为全民偶像，媒体的密集报道，无形中也起到了“造神”作用，但无须多虑这是否会带来负面效应。一位出身贫苦、经历坎坷的作家，用他真实的笔触描述了发生在他成长的那片土地上的故事，获得了最高的文学荣誉，这本身就是一个神奇的事情，把这个故事的细枝末节讲述出来，有何负面可言？而且，莫言的获奖，为人们讨论文学及其他，提供了一个良好的契机，围绕文学与作品而产生的争论，无论从哪个角度看都是有益的。谈论莫言，不应有禁忌，否则真的像作家的笔名一样

“莫言”——不可说，这才显得很奇怪。

买莫言的书，谈论莫言的获奖，这都是在正常的范围内消费莫言，此前哪一位作家获得诺奖，不是被这样追捧？

之所以强调要在正常范围内理性地消费莫言，是因为另外一种夸张的、过度的、带有魔幻色彩的消费行为正在围绕着莫言展开，甚至有不可控之势。比如在北京城内有十多处豪宅的陈光标要赠送莫言房子；莫言家乡有人设想政府应投资6.7亿元打造旅游带，宁可赔钱也要种万亩高粱；有人在劝说莫言父亲修缮旧居时，竟然说出这样的话：“儿子已经不是你的儿子，屋子也不是你的屋子了。”此外还有人说，莫言的作品要收进教科书，莫言今年必上春晚……魔幻现实主义走出了莫言的笔端，目前正在他身上一点点发生，“吃定莫言”的前景让不少人兴奋不已。

莫言的文学成就也不再是他个人努力的成果，而成为许多人消除文化自卑、宣扬政绩的工具。

莫言获奖，一种较为理想的长远影响是，刺激更多中国优秀的作家摆脱“写什么，怎么写”的困境，为处在边缘地带的作家带去一些光亮和希望。让社会重新发现文学的力量，让文学成为一种精神和一种生活方式。改变现在的出版环境，降低商业文学的市场占有比例，让更具品质的严肃文学作品获得生存尊严。而想要实现这个理想的效果，必须要有强大的消费动力来推动，不消费莫言怎么成?

消费莫言无非前面说过的两种方式，但就眼下的氛围看，指望以莫言一己之力来改变文学的尴尬存在，只是良好的愿望，癫狂的商业力量会裹挟更多人把莫言往魔怔的旋涡里推。还好，莫言是清醒的，他保持了一个“旁观者”的平静，甚至还用戏谑的手法间接地批判着外界对他的消费。比如他辟谣说自己想在北京买房，只不过是个玩笑；对家乡要种万亩高粱的说法，他称不必当真。莫言在用自己的方式给“莫言热”降温，可现实却是，不把莫言的剩余价值榨干，某些人是绝对不会停手的。

再过一些天，莫言的名字从图书畅销榜上消失，6.7亿元的投资因像一个笑话而被取消，人们在书店不再像买菜一样成筐地买莫言的书，那时，或许我们再谈谈莫言，谈谈文学。

阅读的红利

（入选河南省2020年中考语文一模试卷精选汇编，

2020年辽宁五市抚本铁辽葫线上大模考）

自我隔离在家中的人，读得进去书吗？以前总觉得没时间读书，现在门都不能出了，各种娱乐活动被限制，按道理讲应该是读书的好时光，但就我个人来说，这段时间是读不进去书的。

太多信息比读书更有吸引力。这大概是人的共性，在集体面对灾难的时候，每个人都想通过信息的发出与回应，来寻找群体存在感。

这个时候，过去阅读的积累，就显现出好处，对应现实发生的种种，你会发现当下人们所面对的艰难或者苦难，其实在过去的书中都曾经有过详细的描写。如果你读的书足够多，就能够学会分辨，不被流言、歪理带偏，找到安定内心的方式，冲破焦虑的“荆棘丛林”，或者起码能够做到一定程度的忍耐与等待。

阅读是有红利的，但这种红利的获得，不是一件那么容易的事情。首先阅读得是一个漫长的过程，它不可能是“创可贴”——在你需要精神支撑的时候，拿过来一本书就能直接找到答案。答案藏在千万本书里，而且没有标准答案。你得从无数答案中找到最适合自己的那个，答案也不见得绝对正确，但它可以成为一个人内心的隐秘信仰。

阅读有点像到银行存款，今天存点儿，明天存点儿，这个月存一笔，下个月存一笔，但别老去盯着累积的数字，否则就是太在意结果而丢失了意义。雨滴满陶罐需要一个过程，河水涨满整条河床需要一个过程，麦子从土地到达麦缸也需要一个过程……读书更是如此，等到有一天，你面对日常生活或者生命里的重大变化，虽然也惊惧、也担忧，但内心却有一块澄明之境时，那就是阅读的红利兑现的时候。

读书人大多希望拥有一份澄明心态，像柏拉图对“精神之爱”深刻又轻松的追求，像海德格尔所认为的“澄明就是极乐”，像陶渊明归隐后的自在悠然……这无不是思想的成果。读书是通往思想的最佳途径甚至是唯一途径。现代人读书，哪怕只是为了得到实用目的很强的慰藉感，可读的书多了、读的是好书，也总是会有意外的收获，比如拥有一种读书人的气质。

当然，阅读的红利不能等同于阅读的功利，功利的阅读是没法造就人的气质的。什么是功利的阅读？最明显的一个表现是：没有判断性与选择性的跟随式阅读——不明白自己的阅读需求，或者无力找到自己的阅读方向，任由自己成为阅读的“消费者”而非真正意义上的读者。带着消费欲望的阅读，大多是功利阅读，我自己的个人经验是——每当经受不住诱惑，购买并阅读了一本市面上被炒得很热的流行图书，那么最后得到的阅读感受多半不舒畅。

想要拥有阅读的红利，有必要把自己的阅读愿望分为有目的与无目的两种。有目的的阅读，是深阅读；读一些经典，读一些难啃但含金量很高的文史哲佳作，这样的阅读可能并非轻松、愉快的，但读书的初阶与中阶，向来都是辛苦的，自古读书苦，这点永远不会改变。而无目的的阅读，恰是深阅读的补充；无目的阅读是把自己视线范围内觉得有趣的书拿过来读一下，读得进去便读完，读不进去便放弃，不用有什么心理负担，这是一种阅读休息。在这样的阅读节奏下，你终会与给自己带来巨大影响的一本书相遇。

每个读书人一生都会遇到给自己带来巨大冲击的一本书，这本书出现在青少年时期的概率最大，也不排除到中老年时才遇到。这本书其实就是阅读的红利体现，它是你所有阅读积累的财富中的金子、宝石。每每在拥有它之后你仿佛拥有了一座“避难所”，你会时不时地想到这本书，并把它带给你的经验与感悟应用到现实生活中去。拥有了这样一本书，你便拥有了一位陪伴自己前行的挚友。

人与书的相遇就像人与人的相遇一样。你以为的“缘分”，其实不过是一个早晚要发生的、必然的交集。人是流动的，书也是流动的，但总会有一个时刻，人与书会暂时停止脚步，彼此凝视，由此诞生的一切，是阅读行为产生的所有魅力所在。

读书人为何丢了书卷气

（入选江苏扬州邗江区2019—2020学年初三二模真题卷，江苏淮安部编版中考语文专题复习）

有段时间我收集了一些作家画像，有福克纳、海明威、菲茨杰拉德、毛姆、石黑一雄等，还把其中两位的黑白照片打印了出来挂在电脑上方，这样码字的时候，时时会感觉到头顶上有人在注视，感觉不错。

喜欢这些作家画像，是因为可以感受到他们身上的统一标志：书卷气。福克纳有卷卷的小胡子，很帅气；海明威看上去很彪悍、勇武，但笑容与眼神里都藏有温柔；毛姆不像一些传记书里写的那样内向、阴柔，看上去深邃又安静……而这，都得益于他们身上的书卷气。

作家是最该有书卷气的一群人。过去的中外作家群，大多是身带浓浓的书卷气的。当然，这或与我们看待已进入文学殿堂的他们的视角有关，会人为地涂抹“偶像”的色彩；抑或与他们的作品已成经典有关，由书及人；更可能与时代有关——书卷气是属于过去某个时代的，在当下找不到书卷气，是因为那个时代过去了。

中国现代作家中，书卷气十足的人太多了，沈从文、钱锺书、鲁迅、老舍、巴金、林徽因……几乎有一个算一个。如果尝试在还活着的当代作家身上寻找书卷气，不是没有，而是不多。书卷气就这样从一个群体身上莫名其妙地消失了。

我经常接触到一些读书人，年龄相仿，读的书挺多，各有优点，但依然没有明显的“书卷气”标签。以我为例，我偶尔对着镜子试图说服自己——这是个读书人，但内心却很难承认。表情里有焦虑，眼神里有浮躁，性格里有戾气，尽管用了十八般武艺去“镇压”了，但还是不行，一名读书人该有的视野上的开阔与远大，内心里的安宁与淡定，都远远不足，仍然是一个飘在这个喧嚣时代的尘埃。

书卷气并非只是读书就能带来的，它是内在格局与外在本领的结合。内在格局不说了，这个很难说得清楚，也没法给出标准要求。外在的本领则可以一五一十地拿出来，简单七个字：琴棋书画诗酒茶。前五个基本都丢了，酒和茶倒还被传承了下来，只是很多时候也是瞎喝，连“借酒浇愁”的境界都达不到，茶也难品出多少滋味。

外出参加活动，被别人当成“文人墨客”，每当活动进展到“题字留念”这一环节时，总是“仓皇出逃”，万万不敢在人家精心准备的上等好纸上留下别别扭扭的字迹。要知道，能写一手好字，在从前是读书人的标配，历史上那些名声不好的读书人，书法拿出来，往往也令人赞叹。

书卷气真的不单是一种气质，它更像是一种“人格与技能”的合成。人格要高尚，要有悲悯有关怀，这样的人格需要漫长的阅读与思考才得以练成，还要经受得住天性的考验，有些人天性不好，伟大的人格经常被邪恶的天性给淹没了；至于技能，那是需要付出巨大的精力、漫长的时间才得以成为随身本领的，琴棋书画这四样，哪样不得浸淫十年以上？

所以，书卷气的消失，有一个重要的原因是时间不够用。以前的读书人，有的是时间，木心说从前“车、马、邮件都慢”，说的已经是工业社会中后期的事情了；再往前推，漫长的农业社会，对于读书人来说，时间更是富裕，就算是埋首故纸堆也埋得起，但凡有些灵光，读书人都不会读成书呆子，而成为受尊重的“社会贤达”。

现在的读书人身上缺少书卷气，大约与没法把读书当成一项毕生追求的职业也有关系。谁敢说在当下能够单凭写作或者“贩卖”大脑里的那些知识便可养家？除了走到塔尖上的少数著名作家，绝大多数读书人还得用另外一项技能糊口，读书更多时候是一种休憩或寄托，遇到生活不顺，这点寄托也便干脆不要了。

古人说“三日不读书，便觉语言无味，面目可憎”，可见书卷气是写在脸上的，在互联网、电子智能时代，更多的人开始读屏，读书的人越来越少。于是有人说“读什么内容很重要，通过什么介质读不重要”，这个说法成立。读屏只要读的是精品、经典，是有体系、有思考的阅读，一样能“秀才不出门，便知天下事”。可是在大数据的智能推送以及社交媒体对人性的精细揣摩下，重复及无用的信息如洪流一样，让人身陷其中、无力自拔，读书人中了招也不例外。

我们看科幻作品，小说也好电影也好，会发现未来人类与未来生活光怪陆离，在充满想象力的画面中，是看不到任何书卷气的。眼下我们意识到书卷气很重要，是因为农业社会留下的文化记忆太过深刻，并且时常让我们觉得，书卷气虽然抵御不了被时代车轮碾轧的痛楚，但起码会带来一点安慰。

为了这点安慰的光亮，整个社会开始重视书卷气，开始寻找具有书卷气的人。一名演员拥有书卷气，他便拥有了更好的接戏机会；一名普通人拥有书卷气，也会得到周边人更多的尊重与欣赏。在这样的环境下，读书人该奋起，不该放弃，要知道，读书人丢了书卷气，这是一件多么令人无奈而悲伤的事情啊。

“淘宝体”：冰层上的温暖关系

（入选黑龙江大庆实验中学2012—2013年度上学期期末考试高三语文试卷、河北承德八中2012—2013年第一学期期中考试高二年级试卷）

“淘宝体”走红了，这一来自购物网站卖家与买家相互之间交流的语体，正在渗入更多领域。和“凡客体”“丹丹体”“私奔体”“咆哮体”爆红后退渐降温相比，“淘宝体”体现出顽强的生命力。在各种网络语体你方唱罢我登场的时候，“淘宝体”一直是默默而持久地存在。如今它能突破购物网站的交流区域，是因为人们突然发现了它那种“亲切又腻歪”的语言魅力和情感深度。

网络上曾流传这样一个笑话，卖家在向买家打招呼的时候，忘记在第一句话的开头加上个“亲”字，这让买家大为光火，马上质问：“为什么没叫我‘亲’？还想不想要订单了？还想不想要好评了？”卖家赶紧发出一个垂泪的表情图。于是，一切从头开始，卖家说：“亲，请问有什么能帮忙的吗？”买家回道：“亲，我想买×××物品，请问包邮吗？”

这是一个温情脉脉的段子，看了让人忍俊不禁。其实“淘宝体”背后还隐藏着很多让人哭笑不得的真相，比如当男买家遇到男卖家，为了要一个折扣或者包邮，也会在聊天工具上双方“亲来亲去”。“亲”这个字眼在购物网站上，已经失去了性别特征，它已经成为和“喂”“你好”具有同等作用的问候语。

仔细观察一下会看到，“淘宝体”有三个一成不变的关键词，包括“亲”“包邮”“好评”。由此不难发现“淘宝体”的温情面纱之下，是一种赤裸裸的砍价交易，也是一场有关买卖双方利益的直接博弈。鉴于网络购物陷阱不断、诚信度不高、常有卖家以次充好，因此网络交易目前并不值得完全信任，很多初次上网购物的人总有踏在冰层上的感觉，而“淘宝体”则是建立在这冰层上的温暖关系，人们通过言语的亲切来缓解内心的疑虑。只是，在购物发生不愉快之后，想想彼此之间曾“亲来亲去”，是不是会感到一阵恶心？

在各界尝试“淘宝体”的时候，警方的“淘宝体”脱颖而出，彻底把犯罪分子打败了。在一幅漫画上，警察对一名罪犯连连发问：“亲，为什么要犯罪呢亲？”“您这罪给十年已经是最优惠了哦亲！”“现在入狱包吃包住，还送双手连体银手镯哦亲。”罪犯满头大汗，而警察满脸笑容：“刑满释放了哦亲，欢迎下次光临。”“出去后要给五星好评哦亲。”最后刑满释放的罪犯忍无可忍地说：“再也不犯罪了！”

稍微理性点的人，都不会相信在真实的审讯中警察会如此对犯人说话，但不得不承认，警方此举改变了自身过于严肃、拘谨、呆板的形象，也稍许挽回了“躲猫猫”“喝水死”等事件导致网民对警方的恶劣印象。警方用“淘宝体”作秀无可厚非，但浅尝辄止是可以的，即使在网络上，也不宜推而行之。

“亲”是“亲爱的”的缩写，曾流行于白领之间的“亲爱的”，为职场人际关系疏通了很多交流障碍。如今“亲爱的”已经不时髦了，“亲”才是当红的称谓，喜欢也好，不喜欢也好，在人际关系脆弱和社会整体诚信度缺乏的情况下，人们要尝试从虚假的“淘宝体”中分辨哪些是真实和温暖，并且珍视之，等到哪一天无须喊“亲”，也会对某个陌生人或某个群体产生信任感了，不要忘记“淘宝体”所做出的哪怕很微薄的贡献。

中国版《深夜食堂》为何屡屡失败

（入选江苏省泰州市2019—2020年第一学期期末考试高一语文试卷）

梁家辉导演并主演的《深夜食堂》公映，上映两天后豆瓣评分5.5分。这个分数并不理想，但对比2017年黄磊主演的电视剧版2.8分的评分，已经算是进步了一点点。虽然翻拍经常让国产影视剧“翻车”，但国产《深夜食堂》的失败，还不全是翻拍的过程出了问题，而是因为中国与日本在饮食文化、夜生活乃至精神层面，实在有着不小的差异。

梁家辉为他这部电影下了很大的功夫，刘涛、杨祐宁、邓超、彭于晏、蒋雯丽等明星纷纷加盟。但强大的明星阵容，有时候真的不如朴素的故事更吸引人。当梁家辉以当年黄磊的扮相亮相于银幕时，就注定了这部影片的败局。原版《深夜食堂》的成功，并不意味着后来的高仿版本也会成功，翻拍借用原片名是没问题的，但脱离当下人的生存情境，生硬地向原作靠拢，只能做出“炒剩饭”的味道。

在对待吃这一方面，中国和日本是不一样的。中国人面对美食，是欢乐甚至有着狂欢态度的，从“民以食为天”到“人是铁，饭是钢”，再到“没有什么事情是一顿烧烤解决不了的”，在我们的社会心理乃至流行文化当中，“唯有美食不可辜负”。尤其是作为有着饥饿经验的民族，已经把吃上升到了信仰的角度——拍摄饮食题材的中国故事，如果脱离了我们的历史与文化，总会给人以隔靴搔痒的感觉。

原版的《深夜食堂》，传递出来的感觉与氛围是走向欢乐的背面的，观众看到的是人的孤独与寂寞。中国人的晚饭是正餐，喜欢八大碗九大件，哪怕深夜宵夜，往往也喜欢呼朋唤友、推杯换盏。而日本人在面对食物时，很少有饕餮的快感，起码体现在《深夜食堂》里，一碗米饭一份面，仿佛都可以用来隐藏心事。当然，日本人的日常生活中，吃饭也未必粒粒米都能吃出故事来。《深夜食堂》的重点在于提炼出了日本人的精神状态，并良好地把美食与角色的性格融合在了一起。

在原版《深夜食堂》热播之前，“小资”这个曾经无比火热的词语，不但已经淡出了日本年轻人的生活，在中国的流行文化当中，也鲜有人再提“小资”这个词了，取而代之的是“宅文化”“丧文化”的风行。当日本的年轻人陷于颓废、颓唐当中无法自拔的时候，“小资”反而成为他们怀旧的一部分，毕竟“深夜食堂”还是一个社交渠道，是踏进社会的一个窗口，是体会人与人之间温情的平台。在日本的年轻人看来，去“深夜食堂”邂逅、听故事或者讲故事，这太“浪漫主义”，也太传统了。

中国观众喜欢日本版的《深夜食堂》，在于这个故事成功地将中国人对日本人生活的想象落到了画面之上。《深夜食堂》提供了一个村上春树、川端康成、三岛由纪夫之外的日本景象，也弥补了宫崎骏、手冢治虫、鸟山明等动漫大师所不曾描绘的日本B面。《深夜食堂》所刻画的人物充满感伤与落寞，恰恰也是中国都市人真实存在却不愿意公开承认的一种情绪，《深夜食堂》为他们提供了一个安全的情绪出口，客观上有了借他人酒杯浇自己的块垒的效果。

那为什么黄磊与梁家辉的翻拍都遭遇了滑铁卢？这要从影视作品的创意特征谈起，影视故事的看点与卖点，均在于给观众提供陌生化的新奇体验，正是出于对新故事的不断探索与创新，影视作品的魅力才能持续到今天而不衰。而国产版《深夜食堂》，由于翻拍的是一个中国观众耳熟能详的作品，对场景与人物装扮的刻意模仿，首先就容易让观众产生审美厌倦；其次，硬要往一张张中国面孔中装入异国情调，凭空产出了一种虚假与造作感，即使翻拍作品努力地让故事本土化，但由于外在的“皮囊”过于松垮与陈旧，使得观众对本土化的故事也失去了兴趣。

中国城市的夜晚什么样？在《凌晨四点的北京》《北京，有2000万人假装在生活》等刷屏文章中都有过描述，还有一部讲述代驾司机与乘客故事的电影《那一夜，我给你开过车》等，都曾真实地把夜晚中都市人的面孔呈现了出来。中国的深夜食堂，不缺喝醉的人、不想回家的人、有故事的人，只是，他们的故事不适合用日本版的《深夜食堂》来盛装，而需要去除多余的形式、伪装的姿态、刻意的“小资”，直面都市人在深夜裸露的灵魂，胜过一切外在的、重复的、山寨式的表达。

现在城市里又流行搞“夜间经济”，“深夜食堂”这四个字甚至被写进了政府文书。其实，有了人的需求，是不用借助政策助力来繁荣城市夜生活的，关键在于，城市有没有关注到都市人的夜晚需求——包括饮食、娱乐、精神层面，等等。故事往往是在人自发聚集的过程中出现的，“深夜食堂”产生不了那么多故事，这个单一的招牌没法涵盖人在夜晚时的千姿百态。所以，翻拍《深夜食堂》的尝试，到梁家辉这里时真该彻底结束了，影视人要走出夜生活的“食堂”情结，去深处挖掘更好的故事。

“放水爱国”
不是理性爱国

（入选中央民族大学附中2017届高三10月月考语文试卷）

2016年9月18日，乒乓球奥运冠军王楠的老公郭斌发微博，自曝在日本住酒店时“很小人地把水都打开”，觉得解气。王楠转发了微博，“这就是郭同学，永远这么直接，我手动点赞”，支持老公言论。

经过这么多年水资源紧缺的教育，珍惜来之不易的水这个观念已经深入人心。就算节水意识没那么明显的人也知道，用完水后随手关掉水龙头是一个好习惯。郭斌的做法，显然与绝大多数人的行为逻辑不相符，放在正常的环境下，是会引人侧目的。

但在对前置条件以及内心心理进行了一番描述后，郭斌的做法引起了王楠和一些人的“点赞”。难道因为浪费水的行为发生在日本，行为目的是“解气”，郭斌“把水都打开”就合理了吗？郭斌本人对此有直观的认识，觉得自己“很小人”。对于批评他的网友而言，恐怕也会认同郭斌的这个自我评价。

若非有“强大”的心理，把水都打开任其“哗哗”地白白流掉，是难以平静面对的。开着水龙头能睡着的人，心得有多大？但理性地看，这种“强大”乃至产生的“解气”幻觉，是建立在虚幻基础上的，是一种自欺欺人，作为者不敢堂堂正正地表达自己的观点与立场，只能通过偷偷摸摸的行为来发泄情绪，这是典型的弱者心态。

郭斌试图通过自己的微博，来证实自己的勇气，或者试图通过这种行为，来引导更多人模仿。但事实上是，这样的做法带不来正面意义的证明，反倒是“缺乏环保意识”被坐实。另外，这个行为会让人怀疑他个人的品行问题。一个对自我行为有约束力的人，不会把反常的事情引以为傲。

之所以说郭斌的做法反常，还有一个原因是，他把自己的行为上升到了“爱国”的高度，一些支持者也在这种“爱国”情绪的感染下，忽略了开水龙头的“小节”，赞同郭斌的“大义”。

这显然是对爱国的一种误解，是本末倒置。

郭斌的爱国心情可以理解，但爱国是一件焦急不得的事情，爱国也不能成为开脱个人行为不端的借口。爱国是一件庄重的事情，感性可以作为内心的一种情绪来流淌，但思考与行为方式，必须要有理性的约束。这几年来，理性爱国已经逐渐成为一种共识，也正是因为如此，批评郭斌的人才会远远多于支持他的人。

爱国不能有虚弱的心态，需要有自信心来支撑。郭斌在微博最后，也表达了找回自信的做法："其实这没用！咱得多方位加油！"真正的强大，是依靠公开的竞争和实力的比拼才能体现出来的，在把"多方位加油"落到实处之前，请先把流淌水的水龙头关上。

像冉·阿让
那样去爱

（入选2021届高考作文名师课堂：中学生如何写作文艺评论）

汤姆·霍珀导演的歌剧电影《悲惨世界》在国内上映时，无数人在影院里重温当年这部文学名著所带来的触动。帅气的休·杰克曼饰演的冉·阿让使得这个角色从书本到银幕合二为一，即使从男性的角度看，影像版的冉·阿让也是个完美的有爱男人。

冉·阿让的有爱男人形象不是天然生成的，也不是从天而降的。在主教原谅他偷走银器之后，信仰之爱照亮了这个打算自暴自弃的人的整个心灵。这也符合我对有爱男人的判断——在他内心被宽厚、悲悯之情充满前，一定要经历过伤痛。19年的牢狱生活，换来一朝梦醒后的彻底悔过，这种自新世界的瞬间光临所带来的喜悦，会奠定一个男人忠实于自我的基石。

在有了信仰之后，冉·阿让戏剧性地成为市长，他对市民怀有一股赤诚之爱，不同流合污，热心于帮助普通人渡过难关，在街道上救助倒在雨地里的市民，还原了他出身草根的本色。原著和电影都花费不少笔墨来描述冉·阿让对底层人民的同情，一方面是为了抨击当时法国社会制度的不公，另一方面也表现了一个男人不可或缺的一种素质：除了私人间的小爱，成熟的男人更要有社会大爱。

遇到珂赛特，才是冉·阿让真正爱心爆棚的时刻。在成功收养了珂赛特并带着她驾车离开的时候，电影用一段荡气回肠的唱词表现了他内心的激动。小女孩充满信赖地伏在他的怀里，让他觉得自己拥有了整个世界，他第一次被人如此需要。这个小女孩的到来，不亚于他在教堂里面对圣像感谢主恩时所带来的心灵震撼。在成为这个小女孩的爸爸之前，冉·阿让的情感世界未免还是有些空洞，第一次成为一个孩子的监护人之后，他的生命拥有了更深的意义。

在原著中，冉·阿让对珂赛特多少有一点超越父女感情的成分在，但迫于伦理，这种感情只能被扼制。电影版更是没有任何描述冉·阿让爱情生活的戏份，只是在结尾的时候，珂赛特的妈妈芳汀在冉·阿让的幻觉中出现，带领他去了天堂，这个时候，因为珂赛特的存在，冉·阿让与芳汀有了精神层面上的情爱。单就电影来说，没经历过男女之爱的冉·阿让有一丝悲苦与无奈，但目睹了珂赛特与马利尤斯的激越之爱，他仿佛也被感染，伟大的父爱得到了最完美的升华。

在冉·阿让的身上，可以看到一个男人诸多可贵的品质，比如自知、儒雅、坚持、担当等，但最可贵的却是他对承诺的尊重。当他向上帝许下庄严的承诺，他真正由一个满身戾气的混混变成一个隐忍的好人。当他向芳汀许下要永远照顾珂赛特的承诺，他真的是在拿自己的生命去捍卫这个本来和自己没一点关系的女孩。而为了不给珂赛特和马利尤斯的生活带来麻烦，他选择了自己苦度余生……可以说，冉·阿让是在用整个后半生来挽回前半生丢掉的尊严，爱与承诺是他带给身边人最好的礼物。

抛掉《悲惨世界》的年代背景和政治倾向不谈，单就情感层面来看，雨果笔下的冉·阿让也足以成为文学殿堂中的不朽人物，他用自己的命运告诉读者：一个男人应该如何面对并改变自己不公的命运，如何完成自我救赎；更重要的是，用什么样的方式来表达对不同人的爱与关心。冉·阿让表达爱的方式是坚定勇敢、不求回报的，表面上看他是通过付出成全了别人，实际上这种付出也丰满了他的心灵，让他自己被幸福和感动充盈，让任何灰暗时代都变得不足挂齿。

重温这个故事，有一个感受是我们不必活在冉·阿让的时代，不必承受他那么大的心灵磨难才能够找到爱的含义。我们懂得爱，明白爱，只是许多时候懒得像冉·阿让那样，像一个真正的男人那样付出爱。在分享冉·阿让那澎湃的爱所带来的感动时，不妨也向他学学，在爱一个人和爱这个世界时，真诚些，坦荡些，执着些，无悔些。

《端午奇妙游》出圈，不只是一场“视觉奇观”

（入选高考作文素材积累：文化自信专题）

端午假期，河南卫视推出《端午奇妙游》，在对总共七个单元内容进行投票时，开场舞《祈》以绝对领先优势，成为最受网友喜爱的节目，《端午奇妙游》因此也继《唐宫夜宴》之后再次出圈，火爆全网。

《祈》取材自《洛神赋》，把洛神“翩若惊鸿，婉若游龙”的舞姿，通过水下舞蹈的形式呈现出来。当舞者从《洛神赋图》古画效果画面里翩然而出的时候，就制造了先声夺人的惊艳效果。

水下高清摄影，让服装色彩倍显艳丽，舞蹈动作更加柔美。

对“声光电”的巧妙运用，以及后期精心的剪辑加工，最终呈现出这段虽然较短却堪称“视觉奇观”的节目内容。

在短视频时代，《祈》是当之无愧的精品。但这种“视觉奇观”只是一个引子，《祈》大受欢迎的根本原因还是在于，它瞬间就触动了观众内心对于传统文化、历史传说、艺术审美的钟情与厚爱。

创作者借用先进的创作理念与技术手段，“复活”了洛神，并在洛神与观众之间建立了有效的衔接，使得久远的《洛神赋》以及它承载的古典浪漫主义元素，瞬间到达了观众的内心。

这是一次当代审美与传统文化的巧妙结合，亦是古典美与当代性的一次“美美与共”。

《端午奇妙游》被命名为“《唐宫夜宴》前传”，创作者想要延续《唐宫夜宴》的出圈轨迹再次创造传播神话的意图是明显的。但从《祈》的观赏性与口碑来看，这档节目并没给人留下重复的印象。

之所以如此，还是在于创作者把创意的力量用对了地方。“一招鲜，招招灵”，把创意着力点放在“宝藏河南”讲述不完的故事当中，只要与技术实现完美结合，就一定能够创作出令人耳目一新的内容。

“宝藏河南”这一称谓的形成，不仅在于河南是一个文化大省、文物大省，更在于中原历史与故事传说源远流长。

然而，在当下，除了进博物馆、参观古迹之外，包括河南在内，其他文化大省也都面临着传播媒介、渠道和载体变化所制造的不适应难题。

《唐宫夜宴》和《端午奇妙游》先后出圈，表明河南已经敏锐地拥有了全新的创作与传播意识，发现并掌握了对传统文化新的表达手段。

不要小看这两档视频节目，它们对一个省的形象提升、文化吸引力的凝聚，乃至旅游品牌号召力的强化等，都有着不容小觑的作用。

《唐宫夜宴》和《端午奇妙游》的出圈，其实也是河南的出圈。这两档节目，可以视为河南人重视传统文化挖掘，并借此不断刷新河南形象、增加河南魅力的标志性内容。

说到底，以文化底蕴为财富，以新包装、新推广为措施，这是一个省“以小见大，以小博大”扩大影响力的最佳办法。河南在这方面已经走在了前头，在局部有了领先的优势，这值得学习与借鉴。

眷恋情绪是恢复地名的强大动力

（入选2020年高考任务驱动作文热点素材）

前不久，国务院第二次全国地名普查领导小组办公室，在北京召开了加强地名文化保护暨清理整治不规范地名工作会议。这次会议的亮点之一，就是指出了地名频繁更换的症结所在，强调地名的文化传承，成为官方与民间的普遍共识。

按一般逻辑，官方是不愿意提出“地名文化保护”这个议题的，因为这意味着要对过去30年来我国约6万个乡镇名字、40多万个村名的丢失，进行深刻的反思。同时，整治不规范地名的过程中，有可能产生的地名恢复行为，也会带来一定程度的工作量，引出“瞎折腾”的批评声音。

改错了的地名难道就不能再改回来了吗？这考验的是相关部门纠错的态度有多坚决，以及纠错的能力有多强大。国务院第二次全国地名普查领导小组的副组长、民政部部长的观点很鲜明，“有些地方乱改地名致文化底蕴快速消失”，这可以视为带有功利目的的改地名行为，在以后将会被完全叫停，也让人产生希望，恢复一些被改错的地名，将有可能进入落实层面。

在支持黄山市恢复为“徽州”时，网民除了表达观点外，还流露出强烈的眷恋情绪。这股眷恋情绪，或是地名纠错的强大动力，可以为相关部门下决心纠错提供良好舆论环境以及实际行动上的配合。诚如支持者所言，地名是一方人的回家路牌，是一方的情感寄托，地名还蕴藏着地方文化密码，了解一座城市的历史与文化，最好的进入方式就是从地名开始。

眷恋地名，其实也是对传统文化的怀念。地名的形成，往往是一个地方传统文化精华堆积的结果。地名是文化塔尖，是荣誉旗帜，在地名的指引下，生于斯长于斯的人们才能迅速找到血脉来源，唤起情感共鸣。所以，如果说当年乱改地名是心血来潮的话，那么现在恢复地名，则是对地方传统文化的一次重建，理应认真、严谨并满怀情感地去完成这项工作。

当然，地名恢复也要面对现实复杂状况。一些地名的更改，既没有让原名的文化内涵损失太多，又经过多年使用赢得了当地人的认同，这样的地名就没必要改回；还有一些地名，虽然也有恢复呼声，但因为在建制、管辖等方面的变化牵动太多，恢复地名的成本显然太高，也只能妥协不改回，这是为过去行为所要付出的必然代价。

有必要恢复地名的地方，如果满足这三个条件，则大可以探讨操作可行性：其一，原地名的文化地位无可取代；其二，在公众生活中仍有强大影响力，没有消失；其三，民意强烈，愿意为恢复地名创造条件。总而言之，恢复地名不是为了折腾，而是为了保护传统文化、引领传统文化回归生活层面，做一些实质意义上的事情。

第四辑　高考作文写作

随感与总结

的 私 人 经 验

高考作文十讲之一：高考作文近年来的命题趋势

对于平时以写时评为主业的媒体评论员来说，在接受约稿撰写高考同题作文的时候，也不愿意写议论文。每次在约稿群里选题目，那些偏感性、适合用散文随笔形式表达的题目，总是第一时间被抢走。剩下的议论文题目，不想写，也要硬着头皮写了。

对2021年高考作文还有印象的读者，应该不难发现，这一年的高考作文题，几乎被议论文“垄断”。甲卷的“可为与有为”，乙卷的“追求理想”，新高考Ⅰ卷的“体育之效”，新高考Ⅱ卷的“写人与做人”，地方卷包括浙江的“得与失”，北京的“这，才是成熟的模样”，上海的“谈对‘时间的沉淀’的思考”……完成这些题目，最佳的写法，肯定是议论文。

这一年我选择的题目是天津卷的“纪念日”，因为这是一个可议论可随感的命题，而以散文化的笔法写高考作文，包括给媒体写评论，是我一直坚持的写法。“纪念日”这个题目，在写的时候可大可小，大到国家纪念日，小到个人纪念日，都有的可说，并且，在宏大叙事与个人感受的融合方面，能找到比较讨巧的角度，容易融入个人的观点。

这篇文章，被上海市某示范性高中语文高级教师苏紫给了“一类中57分”（满分为60分）的评价，她的评语是：“散文，紧扣纪念日展开，起笔略显平实，后文渐入佳境。纪念日的色彩和容器两节，赞。”

当然，对于高考生来说，是没法选择高考作文题目的，试卷上印刷的题目是什么，就要按照这个题目去写。遇到一些感性命题的考生，是幸运的，因为对于年轻人来说，感性命题不太需要有深刻的思想、独特的视角、犀利的语言，只要感情充沛真挚，能够不跑题，就能拿到一个不错的分数。

而遇到考验理性思维与智识能力的考生，也不必

“绝望”，要知道，这正是高考作文近年来倾向于议论文的目的所在。这种命题倾向，用意在于引导考生在高考之前，就要多阅读、多思考、多观察、多交流，把自己的眼睛变成看待社会与生活的“广角镜头”……这决定了，在高考之前，考生就要多摄入信息、知识、文化，最终形成自己的智慧，当你拥有了处理任何“大题目”的能力时，写好高考作文，自然不在话下。

在考生眼里，用评论口吻写就的高考作文是“议论文”；在评论员眼里，用议论口吻写就的高考同题作文是“评论体”。“议论文”与“评论体”的区别在于，后者更注重对年度热点话题的关注，在文风上更接近于“时事评论”。

近年来的高考作文题，其实有越来越向“评论体”靠近的倾向。每年高考到来之前，总会有媒体与个人进行“押题”，而“押题”的指向，更多是与国家大事、社会热点、文化现象等息息相关的。比如2021年全国甲卷的“建党百年”，2020年全国卷II里提到的日本援助物资帮助中国抗击疫情，更早一些还有2012年莫言获得诺贝尔文学奖的次年；进入高考作文山东卷，命题方向是，就莫言等著名作家被挑错别字而他们虚心接受，谈一下感想。

尤其是2018年“庆祝改革开放四十周年”以来，高考作文素材以及押题，愈加倾向于时政热点。在备考时，老师提供给准考生们的范文，也多了不少直接来自主流报刊上的评论文章。虽然最终能被考到时政热点仍然是少数，但通过阅读这些评论文章，还是能够对考生对热点事件的敏感、逻辑思维的训练、写作角度的找寻等，带来不少的益处。

因此，在中学时期，养成多读评论、多练习写评论的习惯，不但会让你在高考时轻松面对作文题，更会在你走出校园踏入社会时，拥有明辨的眼睛和理性的心，这是有益终身的。

这也是近年来高考作文题倾向于“评论体”的终极目的。

高考作文十讲之二：
高分，从黏住阅卷老师的目光开始

你知道阅卷老师平均看完一篇高考作文的时间是多少吗？40秒。坦白说，对于600～800字的文章来说，40秒的时间确实太少了，但这也是没办法的事，每位阅卷老师在打分期间，承受的工作量非常大，每篇文章都认认真真、仔仔细细地看，不太现实。

40秒能分辨出一篇文章的好坏吗？我想起我在《青年文摘》做编辑的时候，经常每天要看几百篇文章，这些文章有些是发送到电子信箱里的，有些是用信寄来的，平均到每篇文章上的时间和阅卷老师差不多，也就几十秒。在这须臾之间，的确是能判断出一篇文章值不值得慢下来重读一次甚至多次的，这有赖于长期的工作习惯、阅读经验，还有阅读者的文学审美能力。

我看稿子，通常会先看标题，然后会“通览”一下文章全局——这是比一目十行还要快的过程。之所以给“通览”打上引号，因为这不算阅读，更接近于感受——感受文章的气质。是的，文章是有气质的，这和你在大街上看到一个人，只用几秒钟就可以判断其气质好不好的道理一样。

一篇好文章的形成，和作者的阅读量、词汇量、语句组合形式、标点符号使用、段落分布习惯等，都有着隐秘的联系。如果作者具有好的写作修养，那么无论他用手写字体还是电脑字体，总是能给读者呈现出一篇散发着强烈个人气息的文章。作者与读者，在阅读的那一刻，相会于纸上（屏幕上），那一瞬间，可以称为灵魂的交流。

阅卷老师在给高考作文打分时，大多数时间是在进行机械式的工作，但老师是人而非机器，在高强度工作的时候，他也有“灵魂交流”的需求。因为好作文会使得他迅速摆脱阅读的疲倦，让他疲惫的精神得到暂时的休息；上佳的文章会让他暂时忘记手头的事情，拍案叫绝，并拿出去与其他阅卷老师分享——满分作文，通常都是在这种情况下产生的。

所以，在写高考作文时，要有把阅卷老师分配给你的40秒延长为4分钟的强烈意识，如果阅卷老师愿意花4分钟来欣赏你的作文，那大概率你就会拿到一个超过55分的高分了。

好文章是有黏性的，好作文也理应如此。怎么让文章具有黏性，牢牢地拴住老师的视线？首先要有一个好标题——通常高考作文是有命题的，很多考生都把命题的那几个字拿来当作文标题了，有的考生会浓缩一下试题要求，将其简化成一个标题。这么处理当然是稳妥的，但试想一下，阅卷老师连着打开几十几百张试卷，看到的标题都一字不差或者大同小异时是什么心情？

好的标题，一定先要让老师产生“不跑题”的印象。比如2020年天津卷的要求是就“中国面孔”来写一篇作文，我写的标题是《角落里的中国面孔》，这个标题当中的“中国面孔”完全与命题要求吻合，但前面“角落里的”四个字，才是我作为作者给予标题最强烈的个人表达。这四个字明白无误地告诉阅卷者，我的讲述对象是非常值得关注但却没有得到足够关注的一群人，这样一群人是不是与试题要求当中的那群人的面孔吻合？这会成功吸引到阅卷者的好奇心，带着探寻的心态从文字中寻找答案。

标题能起好固然很好，但标题平实一些也没关系，因为更重要的是内容，也就是你在这600～800字之间所洋溢出来的作者气质。如何让这种气质“黏住”阅读者？我的经验是：

以个人生活经历或经验写第一段。用“我的口吻”，用第一视角，来展开你的讲述。请相信，阅卷老师在工作的时候，其实最重要的身份仍然是“读者”。既然是“读者”，他就有好奇心，有对故事的渴望，越是面对重大命题，越是需要宏大叙事的时候，阅卷老师可能越想知道，你作为一名学生，或者社会的一分子，是怎么看待的。所以，作文第一段的切入口越小，私人化程度越高，就越有可能让阅卷老师觉得，你是在认真地作文，而不是走套路，把作文写成一篇“时政热点文摘”。

我写高考同题作文，或者写时事热点评论，最爱使用的就是这个办法。比如在写“拉闸限电”这一事件的评论时，我先把自己当下的生活状态写成了第一段：虽然我所在的地区没有拉闸限电，但这样的新闻成功引起了我的焦虑，开始随手关灯，节约电；第二段，是迅速切换到童年时代的缺电记忆，带读者回到20世纪80年代缺灯少油的乡村生活……如此处理，可以与读者建立亲近的共情关系，由而，读者会更关心，作者是如何看待发生在当下的这一事件，想要看看自己的观点是否与作者吻合。

以小切口、私人化的开头写文章，并不意味着整篇文章都如此，恰恰相反，如此开头不是故意彰显作者如何低调，而是为作者的宽视野、大格局做铺垫。是的，高考作文考验的绝非考生的文笔，而是考生的情感与胸怀、价值观等。在写作文的时候，可以尽量地不使用大词，但考虑的一定得是大事，可以屏蔽那些被污染的汉语，比如“蓝瘦香菇（难受想哭）”之类，但一定争取用朴素好懂的字词来承载自己的观点。如何成功地躲避掉干瘪的词汇、令人烦不胜烦的套话，这篇作文的气质就已经基本形成了。

好文章的气质，还需要一点虚实结合，需要在切合实际的基础上适当展开一些想象，需要用适度的文学修辞来增添文章的可读性，哪怕是议论文，也不要担心文学手段的运用会让阅卷者觉得是在“空谈”。实际上，自古以来的政论文章如柳宗元的《封建论》、李斯《谏逐客书》等，读来都荡气回肠，令人产生惊艳之感，那不仅是观点的力量，也是文学的力量在散发魅力。

有人说，只需要150字，就足以看到一个人的文字水平，高考作文为考生提供了多达800字的篇幅，这完全可以容纳一名考生的修养与智慧了。在动笔前，给自己的文章做好规划，深呼一口气，用你一气呵成的文章，让阅卷老师为你拿出他非常宝贵的4分钟吧。

高考作文十讲之三：如何写出真实、独特又动人的作文？

和名人名言相比，更有说服力的是你的真实生活经历。在高考作文中罗列名人名言，已经属于比较老套的做法了，尤其是当你的作文中出现一些诸如“天才是99%的汗水加1%的灵感”这样老掉牙的名人名言时，已经不再是加分项，而是减分项。

之所以说真实生活有说服力，因为那是专属于你的经历，是独一无二的，这保障了你的作文的原创属性。你或许会说，年轻人的生活大同小异，没有什么特别的经历值得写进文章里。这一想法是错误的，哪怕同样的事情发生在不同的人身上，也会激发出不一样的感受——写你的经历，不是只写事情的经过，重要的是讲出独特的感受。

想要读者也觉得你的那份感受非常独特，有很重要的一个常识，就是不要编造故事，编出来的假故事同时会引出来假感受，而假感受往往散发着一股塑料味，稍微敏感一些的读者就能识别出来。对比之下，哪怕你的感受是生活中极为普通的一件小事，但因为你所总结出来的经验能让别人感同身受，并有所启发，那就是有价值的。

我在文章中写到过：某一天，我在十字路口等红绿灯的时候，对面驶来一辆公交车，开到十字路口的时候，它也需要等红灯变绿灯，司机踩了几脚刹车，肯定是因为使用了“点刹”的缘故，那辆公交车在不停地“点头”。那一瞬间让我觉得这个画面很有意思，公交车顿时变成了我脑海里一只顽皮的瓢虫，它在和对面的人打招呼……平凡生活中，要经常有这样的趣味联想，它会使得生活不那么乏味。由简单的细节生发出一种感受，并升华为一种价值观，这会让你的文章拥有打动人的能量。

这样明显感性的描写，可以写进议论文当中吗？不必有这样的犹疑，这是完全可以的，不但可以描述一个这样的场景，而且可以多讲几个有关联的故事。但要注意到，文章的主线要一以贯之，不能断，不能乱，让读者明确地知道你究竟在说什么。记得有一位美籍华人作家，名字叫刘墉，他出版过《我不是教你诈》等许多畅销书，他的写法便是如此，一篇文章通常拥有四五个细节故事，但读完之后却觉得他虽然没有在议论，但却告诉了读者一个很高深的道理，这是写议论文的一种很实用的方式。

在使用生活素材方面，要放宽对“生活”这个词的界定，往返家校是生活，和父母或同学、朋友去旅行是生活，同样，你阅读到的图书、看到的电影等，这种精神生活也是货真价实的生活的一种，包括你天马行空的想象、没有规则可言的梦境，这些都是素材。

很大程度上，描写生活经历其实就是处理那些堆积在你脑海里的素材能力，可以在较短的时间里，把可以放进一篇作文里的素材调集出来，排列好先后顺序，并用一根逻辑线把它们串联起来，是一名作家常用的手段。我们写高考作文也可以这样做，写出一篇饱含着生活汁液、带有你独特感悟的好作文。

如果有的同学生活经历实在匮乏，那就在真实的基础上展开合理的想象，用丰富的想象来弥补生活经历的不足。有一年，我给上小学的女儿班级讲“开学第一课”，说的就是这点。我以“一棵树”为例，告诉他们怎么展开丰富又真实的想象：举目四望，到处都可以看到一棵树，但在城市里生活的孩子，很难找到一棵真正属于自己的树。你可以先表达出这种渴望与困惑，然后就可以想象，你想拥有一棵什么样的树？你会怎么和它相处？

我当时说的是：这棵树可以是梧桐，可以是银杏，也可以是苹果树或栗子树……不管是哪一种，我都要用我的姓氏来命名这棵树。每种树有每种树的好，不必太挑剔，只要这棵树种下了它就属于你，哪怕一开始的时候不是太喜欢，但长着长着它就变成了你喜欢的样子。就像一只小猫或小狗初次到你家一样，开始的几天需要磨合一下，用不了多久，它就成为你的家人了。树也一样，树是你最友好、最长久的家人，当然，也是最忠诚的朋友。

树有什么作用呢：有了树，哪怕没朋友，一个人也不孤独。从屋门里走出来，抬头只能看见月亮是不够的，在月亮和大地之间得有一棵树，得有它的影子在摇曳，留下满地稀碎的心事。夜晚的树能听到人内心的叹息，你长呼一口气回屋了，那棵树仿佛听懂了你，整夜沉思。等到天光大亮，它在微风中用舞蹈的叶片欢迎你，告诉你又是新的一天。

……

这样的想象，可以一直一直写下去，写几千字、几万字都没有问题。当这种想象出现在你的脑海里，它就属于你真实的思想活动，成为驱动你现实行为的一种动力。如果我们经常保持这样的思想活动，试想一下，你写作文时还会感到困难吗？

真实的生活、诚挚的情感、朴素的道理、通透的觉悟……这是我理想中的好文章、好作文。所以，要多给自己创造经历的机会，多与人打交道，多处理一些事情，这些都会成为你的写作素材。

高考作文十讲之四：
四两拨千斤，对重大命题进行软处理

我家亲戚有个孩子，高三备考时发来一篇他写的作文，问：高考时这么写能不能得高分？这篇作文看得我头疼，因为里面充斥着大词、硬词、假话、套话，几乎看不到作者自己的影子。

这样的作文写在高考试卷上，就算是机器阅卷（从2020年开始，高考有9个省针对语文、英语作文等主观性命题引入了机器阅卷），恐怕也难给高分。

为什么现在许多学生，在日常生活里都是活泼可爱的，一旦面对镜头演讲，或者写起作文来，都那么一本正经、一板一眼？这恐怕和我们的教育方式有关系。具体到高考作文上，有的老师会出于“保分”的考虑，并不支持考生发挥才华，把作文写得既合规又好看，而是鼓励学生按照套路写，起码平安在阅卷老师那里过关，不被打零分或低分。

什么叫重大命题？但凡作文试题里出现“民族复兴”“改革开放”“文化自信”等说法，需要考生展开谈谈的时候，那么考生面对的就是高考作文的重大命题。对于这样的命题，很多考生的反应通常是既有动力又有压力。动力在于，平时老师对有关这方面的讲述很多，如果对老师所说所讲理解得透彻，又比较关注国家大事，写起来应该不难；压力在于，在重大命题面前不敢动不敢挪，只敢复制或者分解耳熟能详的句式或观点，没法用自己的语言来完成作文。

2019年高考作文北京卷的题目是“文明的韧性”，具体的要求是“请以‘文明的韧性’为题，写一篇议论文。可以从中国的历史变迁、思想文化、语言文字、文学艺术、社会生活及中国人的品格等角度，谈谈你的思考”。毫无疑问，这也是一个重大的文化命题，是学生们看到就会挠头的作文试题。我在写作这篇同题作文的时候，就采取了如下的“软处理”方法：

首先，从自己熟悉的生活里发现文明的变迁。在第一段就写道：“早晨醒来的第一件事是抓起床头的智能手机，这就是科技文明赋予我们的一种发自内心的行动力。”——科技文明也是文明的重要组成部分，而在当下，不谈科技的进步，很难激发读者对古老文明进行对比与思考。

第二段我这样写道："蔡伦老爷子改进的造纸术，在温州等各地民间还几乎原样操作；网络写手日产万字，但公认还是李白时代的中文最美……"这么写的目的，是让文明的概念实现落地，有的文明如造纸术仍然被继承发扬着；有的文明如唐诗写作，则成了过去的瑰宝与遥远的记忆，以此惋惜科技对人的写作与思维带来的巨大冲击。

接下来我又写到了"庞贝、罗马、海德堡城堡，玉门关、阳关、锁阳城"等废墟，它们的存在价值，"不在于它们是文明的韧性象征，反倒是文明的脆弱符号"，以此提醒人们，文明不见得是坚韧的，有些文明随着历史的前进，反而是脆弱的——这么写不是故意唱反调，而是再次激发读者思考文明的多样性。

最后这篇作文我的结尾是："文明是会消失、会迁移的，文明不是固态的，而是液态的，文明的流动是因为人的传承。只要人性是好的，文明就会一直在，人性一恶，文明便没了。"强调了人是文明的载体，人对美好生活的向往，会促使人类一直维持文明的力量，而中国的文化与文明之所以至今仍然能影响十多亿人，就在于中国人内心深藏着一种文明自觉。

以此篇文章为例，是想说明，在对重大命题进行软处理的时候，一定要使用自己熟悉、别人也熟悉的素材，哪怕作为学生，你在日常生活里接触到的与文明有关的事物也比比皆是，只需要简单检索一下，就能找到为自己所用的素材。

由生活细节进入你的阅读宝库，由阅读积累再进入你的思考敏感点并最终形成结论，这样的话，你的作文不但完全紧贴命题，对命题进行了鲜活的阐述，答案不但正确，而且与别人的不一样，这就是写作的特点与魅力所在。

有了这个逻辑，就可以轻松面对任何重大命题了。面对重大命题，你要拥有“四面拨千斤”的心态，心里想着命题的方向，笔下写着自己熟悉的人与事。“草蛇灰线，伏延千里”，用朴素易懂的语言来谈论天文地理、国家大事、民族未来、人类命运，这是智慧层面的事情，而你要做的，就是在写作时要动用自己的智慧，组织一篇有血有肉有思考的好作文。

高考作文十讲之五：跑题了怎么办？

前媒体人、《新京报》评论版编辑潘采夫，主持有一档音频节目，名字叫《跑题大会》。我喜欢参与录制他的这档节目，因为在节目里可以谈天说地、信马由缰，跑题跑到天边也没关系，跑回来就行。过几天回听节目会发现，虽然内容时而跑题，但主题却仍然鲜明，这和主持人的深厚功底有关，也和所有谈话嘉宾的心照不宣有关——有些话，貌似跑题了，但其实说的仍然与主题息息相关。

我给媒体写的高考同题作文当中，仅有一次被阅卷老师评价为“跑题了”。那次是写2015年的北京卷，出卷者给了两个题目，分别是“假如我与心中的英雄生活一天”和“深入灵魂的热爱”。我写的是第二个题目，但作文的标题没有使用“深入灵魂的热爱”这个命题，这让阅卷老师产生了不满；其次是作文的内容，也不是特别吻合“深入灵魂的热爱”的命题要求。

我写的作文题目是《在远方，有微光》，刊发于2015年6月8日的《新京报》高考作文专版，并配发了阅卷老师的点评。在点评中，有对作文进行肯定的地方：这是一篇颇有情愫的散文。作者以“微光”为线索，串联起了自己的回忆及盖茨比的故事，有情韵、有味道。结尾部分“有的人爱梅花，有的人爱绿萝……其实，那也许不过是可以让他们的灵魂得到快慰的一种方法罢了”的感悟，也有深度。

但也有毫不客气的批评：作者本人对“微光”的爱“深入灵魂”了吗？恐怕没写出来；盖茨比的故事写的是他对“微光”“深入灵魂”的爱吗？恐怕逻辑上也有问题吧。

现在回头再看这篇同题作文，我是赞同阅卷老师的看法的，虽然我认为盖茨比每晚在西岸深情地遥望东岸一盏忽明忽暗的探照灯，来表达他对黛茜的爱情，是出于一种“深入灵魂的热爱”，但阅卷老师提出的逻辑上的质疑，也有成立的地方——深入灵魂的热爱，因为一种距离的存在，会变得模糊起来，而且“爱情”这个东西，用“深入灵魂的热爱”来形容，多少都有点儿勉强。

所以，高考考生们在写作文时，切记要注意的一个原则是，千万不要让阅卷老师产生你“逻辑上有问题”的印象，一旦这个印象产生，阅卷老师就会认为你的作文失去了“大梁”的支撑，一推就倒。毕竟真实的高考考试，与我给媒体写同题作文，还是有不小区别的。我在媒体上写作文，可以适当跑题，甚至以跑题为乐，但考生还是要慎重，在紧扣主题的前提下，适当地展开“翅膀”，确保作文“丰满”的同时，更要确保作文的“安全”——毕竟是重大考试，“安全第一”还是要当成首要守则的。

万一，我是说万一，有的同学在下笔时，发现写到试卷上的作文，与脑海里构思的作文不一样，一两段之后，或者写到一半之后，后背一凉，发现跑题了，全部涂掉重写已经是不可能了，卷面不允许，时间也不允许。这个时候不要着急，冷静下来，先认真把已经写成的段落仔细阅读一遍，搞明白自己究竟写了啥，然后在接下来的篇幅当中，尽力把跑了的题拉回来，把画了半个圈的圆，修补成一个完整的圆，在阅卷老师用几十秒的时间判断你的作文的时候，给他留下逻辑完整、自圆其说的印象，仍然能拿到一个不错的分数。

评论员写高考同题作文，也是需要在限定时间内完成交稿的，情急之下也是会跑题的。我在写2019年江苏卷的时候，就有过这样一次经历。在审题时刚看到“物各有性，水至淡，盐得味”这一句的时候，我就有了自己的标题：《盐一定是咸的吗》。但刚写完第一段我就后悔了，盐一定是咸的，这是常识，我给自己拟定了一个违反常识的观点，等于给自己挖了一个坑，比起写盐是咸的，质疑盐不一定是咸的，这需要给出足够有说服力的说法，否则整篇作文就会逻辑混乱、自打其脸。

对此我的解决方法是，在第三段时开始跑题，谈起了水的味道。在谈水的味道之前，先谈了碳酸饮料的味道，由此强调，水是淡的，无味的，继而话题一转，转到沈从文写给妻子张兆和一封信里的一句话，“我就这样一面看水一面想你”。这是情书啊，这样的句子，看了怎能会让人不觉得甜呢？你觉得句子甜，那么句子里的水便也是甜的了——你看，我成功地让读者相信了，水的味道是甜的。

用理性的逻辑看，这是偷换概念，而用感性的逻辑看，又完全成立。当一个人用饱含情感元素的文字去叙说一件事情时，读者不会去计较他的逻辑是否严密工整。

写完这个水的味道之后，我开始用一个小故事去写盐的味道。我的小故事写的是一个犯人，在过去贫困年代的监狱里，能吃到一块咸菜也是很幸福的事情，只有参加集体劳动之后，才会得到一块奖励性质的咸菜，他回忆起那块咸菜的味道，说了这样一句话：“咸菜疙瘩又香又甜！”——你看，他唯独没有说咸菜咸。在铺天盖地涌来的幸福感当中，咸菜本来的咸消失了，只剩下了“又香又甜”，可是你能说这种“又香又甜”的味觉是假的吗？根本不是，在那刻，它甚至比“咸”更真实。

随后的四段，开始进入议论的层面，第一段写：我觉得“世界上根本没有感同身受这回事”这个说法是对的。“甲之蜜糖，乙之砒霜”；第二段写：不能用你的经验、立场、价值观去要求别人与你一样；第三段写：在尊重与偏见之间，人很容易陷入偏见中去；第四段以《道德经》中的一段话收尾点题：“不自见，故明；不自是，故彰；不自伐，故有功；不自矜，故长。”

就这篇作文看，我跑题了，从标题就开始跑，发现后及时跑回来，又通过层层推进，步步深入，引导读者从一个新颖的角度去看待貌似“冒犯”的观点，带给读者一个新的感受与启发，由此来呈现文章的价值。

如果不小心你在写高考作文时也踩进自己挖的坑里，别着急，既然入坑了，那不妨两只脚一块踩进去，把坑踩得漂亮点，一样可以吸引人。

但最后还是要郑重提醒：跑题是个冒险的事，最好不要跑题。

高考作文十讲之六：
如何避免低分作文中的“假话、套话、空话”？

“假话全不说，真话不全说”，这是季羡林先生的一句名言。这句话一度也是评论员们所秉承的理念——力争在一篇评论文章中，不出现一句“假大空”的话。但是，即使在讲真话的时候，也是要有角度和技巧的，不然的话，会给编辑增添不必要的工作量，甚至写出来的文章难以被刊发出来。

写高考作文也是一样的道理。请相信几乎每一位阅卷老师都有一双“火眼金睛”，他们看过的作文实在太多了，只需要扫一眼，就基本可以判断出你作文里的“水分”，也很少有阅卷老师会喜欢一篇“假大空”含量较高的作文。这就意味着，一旦你在你的高考作文里不说真话，而是假话、套话、空话，则很有可能被判一个低分。

何谓“假话、套话、空话”？说通俗一点，就是并非出于写作者的真情实感，更多是出于省事、省心的观点复制、句式模仿、口号式写作，就是并没有真正做到对命题的消化，用自己的语言、情感、观点来进行阐述，就是把别人写过的东西当作零件一样拆卸完之后又重新蹩脚地组装……

如何做到在作文中只说真话？其实很简单，只要按照以下几个步骤，就能很好地解决问题：

第一，要迅速把命题拉进自己的“怀抱”，用自己真实的生活经历与经验来消化它，这可以让阅读者第一时间感受到，此命题作者有“发言权”。有的同学会觉得，自己的生活很平常、平凡，没有什么特别值得说的——千万不要这么认为，其实每个人的生活大致都一样（包括作家、明星在内），如何从平常、平凡的生活里提炼出有趣、有意义的点，这才是一种考验。即使没法很快提炼出来也没关系，相信你只要把发生在自己身上的真事与命题进行一番巧妙的结合，就会发生“化学反应”，拥有一定的戏剧效果。

比如我在写2015年高考作文北京卷时，第一段就这样写道：“很少让出租车送到楼下，通常到小区门口的时候就停下，我喜欢剩下的最后一段路自己走。童年的乡村生活，给我留下怕走夜路的心理阴影。”这就是非常日常的一段表述，但如果可以在短短的一段话里融入画面感、悬念感，就足以调动读者的阅读兴趣，为接下来进一步的叙述做好铺垫。

第二，要拓宽文章的表达区域。如果说你的真人真事不足以支撑起“故事”，那么就要调动你所能感触到的其他素材。这方面的素材包括但不限于：你的亲戚、朋友、同学身上发生的事情，你在出门旅行时看到、听到的事情，你在阅读图书时给你留下深刻印象的事情……这些事情因为属于你的耳闻目睹，所以当你以第一人称把它们讲述出来时，读者仍然会本能地相信你说的是真的。这样的话，你的作文就进一步打开了视野，把对自己的讲述扩展到了对人群的讲述。

这一策略，我在写2011年陕西中考作文题《想看见你的笑》的时候就使用得较多。这篇作文从我看过的周星驰在电影里具有标志性的笑声写起，写到了诸多群体不一样的笑，这样的回忆与场景，对于每一个人来说都是取之不尽的，你只需要采撷自己印象最深、最想表达出来的即可。

第三，要进行合理的想象。想象的内容，也可以被列入“真话”的序列吗？这理所当然，毋庸置疑。人是有思想的动物，人的大脑每时每刻都在进行思想活动，这些思想活动有的是针对现实做出的应对策略，有的是针对未来甚至虚空给出的反应，这些反应有太多是浪漫的、不现实的，但却与人性之间有着密切的联系，只要是符合人性的基本本质，就可以视为是真实的——真实的心理活动，真实的欢乐或者忧伤。不现实的想象落地于现实生活的土壤里，一样可以扎根、发芽、开花，长成一棵现实的“树”。

我在写2018年全国卷《写给2035年18年岁的你》的时候，就展开了自己的想象力。“你在18岁的时候就拥有了很久以前的80岁老人才能够掌握的全部知识，你依然拥有年轻俊美的面孔，而内心却像一位哲学家那样充满沧桑与宽容。从智人到神人的路上，你才迈开了第一步，就拥有了让我这个年龄的人所看不懂的深邃……”这些说法由于具备足够的现实基础，因而是可能的、可信的，也能够带领读者一起去畅想、思考。

基于以上三点，你的作文基本上就会全部由“真话”构成。这样的作文，你自己写起来舒服，阅卷老师看起来也会舒服。作为读者，他会敏感地捕捉到，哪一句真话引起了他的共鸣，打动了他的心扉。同样，这些写作理念，也可以被你延续到大学中去，延续到毕业之后的各种文体写作中去，你会不断地领略真话的力量与魅力，并且从此依赖上只说真话，只写真话。

高考作文十讲之七：怎样做到首尾呼应，让文章更圆满？

许多世界名著都非常讲究开头与结尾，有作家会因为写不好一个开头而一次次地将稿纸团成一团扔进垃圾桶。相对于开头，结尾要容易一些，因为最艰巨的任务已经完成，而且整个写作过程里积蓄下的观念能量，也需要最后一个出口抒发一下。可以这样认为：如果你写出了一个漂亮的开头，那么结尾也一定不会差到哪里去。

马尔克斯的名著《百年孤独》的开头非常有名："多年以后，面对行刑队，奥雷良诺·布恩地亚上校将会想起，父亲带他去见识冰块的那个遥远的下午。那时的马孔多是一个二十户人家的村落，篱笆和芦苇盖成的屋子沿河岸排开，湍急的河水清澈见底，河岸里卵石洁白光滑宛如史前巨蛋。世界新生依旧伊始，许多事物还没有名字，提到的时候尚需用手指指点点。”

这段开头优秀在，它以一个开阔的、史诗式的、镜头一般的语言，为读者展现出一个宏大的场景，并且迅速聚焦于一些微小的事物身上，实现了历史、时间、人物、景象等诸多元素的融合与互动，读来非常令人心潮澎湃。

那么相对于开头，《百年孤独》的结尾少了浩荡多了惆怅：“他再次跳读去搜索自己死亡的日期和情形，但没看到最后一行便已明白自己不会再走出这房间，因为可以预料这座镜子之城——或蜃景之城——将在奥雷里亚诺·巴比伦全部译出羊皮卷之时被飓风抹去，从世人记忆中根除，羊皮卷上所载一切自永远至永远不会再重复，因为注定经受百年孤独的家族不会有第二次机会在大地上出现。”

这个结尾最重要的功用是点题，是作者想要表明写作这部巨著的心迹，是渴望与读者达成共鸣与共识。这段结尾充满着消亡、空荡、落寞、感伤的意味，它与小说开头的某种激扬形成了鲜明的对比，但正是因为这种对比的存在，《百年孤独》才显得如此完整。

高考作文虽然不过几百字，但也应“麻雀虽小，五脏俱全”，也要追求结构、节奏、呼应。对于作文来说，重要的固然是内容，但由标题、开头、结尾搭建的简单结构也很重要。如何让高考作文的开头与结尾呼应起来，其实是有一些技巧的。

作文的开头是可以“跑题”的。在开头，你大可以展示自己的才华，用充满丰富想象力的文字，抓住读者的视线，并牢牢地拴系住。但在写这样一个开头的时候，心里一定要做到有底——怎么在结尾来呼应开头，就是说怎么把一个圆真正地画成一个圆，而不是变成三角形、多边形等让读者不舒服的“形状”。才华横溢的开头，容易让写作者情绪激荡，导致结尾的概念并不清晰。这没关系，只要大致有个可以执行的想法就可以，反正中间的段落还可以让你有足够的机会把开头的话语逐一地落实下来，并最终巧妙地“镶嵌”到结尾中去。

作为结尾必须要“扣题”。你去读名著，会发现绝大多数名著的结尾都是“扣题”的。“扣题”要么是对书名、文章名进行一步到位、一锤定音的作者阐述，要么是对人物或故事的高度总结，要么是对作品价值观的集中表达。一部（篇）作品如果没有“扣题”的结尾，总是让人觉得不对劲。所以，世界级的作家、大师们都要在结尾“扣题”，作为考生，也就不要突发奇想，想用一个不一样的结尾来凸显自己的另类了。

开头与结尾最好的呼应方法，是在开头时留下一个“扣”，等待结尾时把它给解开。这个“扣”，可以是提出问题，留下悬念，等到结尾时再回答或解答；可以是先给出一个观点，等到结尾时再去肯定或否定它；还可以是开头引出多种可能，结尾也是“开放式”，让读者自己去得到属于自己的结尾。

我自己在写作时，由于时常用一个朴实的方式开头，所以落笔对我来说并不难，难的地方在于，直到现在，如何写出一个更好的结尾，对我来说还是一个很难的事情。我总是忍不住想在结尾时过于明显地进行总结，这导致文章的结尾会有强行升华的嫌疑。这是一个习惯或者说毛病，需要更长的时间去纠正，而纠正的办法，是尽可能地避免把结尾当成一根“针”，试图用它串起整篇文章的“脊梁”，而是要在写结尾之前，静下心来想想，你究竟想要通过这一篇文章的书写表达什么，然后用极为坦诚的语言来告诉读者。相信你只要做到了极为坦诚，读者不但能感受到你的“扣题”，也能感受到你的心迹，并从而被你打动。

卡勒德·胡赛尼的《追风筝的人》，就使用了一个非总结性的、很感性的甚至散文化的结尾：“我追。一个成年人在一群尖叫的孩子中奔跑。但我不在乎。我追，风拂过我的脸庞，我唇上挂着一个像潘杰希尔峡谷那样大大的微笑。我追。”这个结尾，通过对“我追”这两个字的多次反复使用，一再明白无误地告诉读者，作者为什么要写作《追风筝的人》。这样的强调，会促使读者不停地思索“追”的含义，去明白这个字背后的情感力量，所以，这样的结尾与开头的呼应度究竟有多高已经不重要了，它在尽可能地说明一切，它完全是一个可以独立存在的结尾。

如果你的作文写到最后，发现没法和开头进行良好的呼应时，不妨使用《追风筝的人》这样的结尾方式。

高考作文十讲之八：如何引用名人名言，才能为文章增分？

许多中学生都有过在笔记本上抄录名人名言的经历，我上中学时也抄过，但在写作文时基本用不上。现在想起来，用不上的原因很简单，不是那些名言寓意不深、道理不强，而是引用得不恰当、不合适，有时候甚至会为了引用某句名言而去完成一个段落，最后回看时会发现，那句名言就像是整篇作文里的一根“刺”，怎么看都别扭。

但不少语文老师喜欢学生在作文里引用名人名言，因为这样做可以使得作文看上去颇有依据与道理。同样道理，在高考作文中引用名人名言，或许也能让阅卷老师多看一眼，但一定要注意，阅卷老师多看那一眼，一定是在分辨你引用得是否得当，如果觉得你是在强行“上档次”，那则会给阅卷老师留下一个不好的印象。

不仅学生爱引用名人名言，成年人也喜欢引用，这是语文教育带来的结果。在社交媒体上，一些账号没有别的原创内容可发，经常摘一些名人名言来骗流量。同时，一些伪造的名人名言也泛滥成灾，被伪造最多的当属鲁迅，由此还有网友专门制作了一张鲁迅图片，图片上标注了这样一行字：这话我没说过。

不管鲁迅说没说过，丝毫不讲道理地将一些话安在名人身上，确实是一些人喜欢做的事情，所谓“拉虎皮扯大旗”说的就是这个意思。我在年轻时，确实也喜欢在习作中引用一些名人名言和哲理警句，但随着年龄的增长，就越发对这种形式感到厌烦，因为这么做会给人一种横竖都要依赖别人的观点来制造某种“权威”的印象。

我做职业评论员之后，有一次给某媒体写评论，收到了编辑的改稿要求，说是希望把稿子的“深度”再增加一下。于是我花了十五分钟时间，加了四五位世界级哲学家、学者的名言，稿子再发回去，很顺利地通过了。但自此之后，我就对引用别人的语言与观点产生了一种“生理厌恶”，有时候明明可以通过引用来实现论据的扎实，却偏偏不那么做。

写高考作文，是可以适度引用的，不然白白浪费了几年的记录与积累。但要切记一点：不要为了引用而引用，而是要根据需要来引用。在写作的过程中，让那些被需要的“语录”自动地浮现于你的脑海，然后再通过你的笔“跳跃”到卷子上，这样的引用才是自然的。千万不要把考试之前突击背诵的一些名言一定要写到作文中去，那样毫无意义。

这些年有些书、有些人、有些名言被使用的频率太高。在书方面，法国社会心理学家古斯塔夫·勒庞的《乌合之众》，美国文化传播学家尼尔·波兹曼的《娱乐至死》《童年的消逝》等；在名人名言方面，比如爱迪生说的“天才是百分之一的灵感，再加上百分之九十九的汗水”，安迪·沃霍尔说的“每个人都有机会成名15分钟”等，确实看的次数多了，让人觉得有了甘蔗渣的味道。

所以在写高考作文的时候，尽量不要引用这些“大路货”的名言。尽管这些名言一眼看上去就可以让人明白你在说什么，但正是因为它们的被滥用，反而会削弱你作文的质量。如果可以的话，可以调用你脑海里印象深刻的句子，只要那些句子能被你记住，就一定是有价值的、有意义的句子，它是谁说的不重要，意境有多深刻甚至也不重要，最重要的是，它可以服务于你的作文，而不是左右你作文思路的走向。

我有一段时间也偶尔会犯错误，出于偷懒的目的，引用了某句“大路货”，现在想起来，真是有点汗颜。所以，让我们共勉：慎重引用名人名言，除非它能妥帖地为我所用。

高考作文十讲之九：如何在作文中施展你的诗性才华？

在高考作文试题要求当中，经常可见“不得写成诗歌”这样的提示，这估计会让一些爱好诗歌以及时常写作诗歌的考生感到“不公平”。中国是一个诗的国度，唐诗的文学高度更是世界一流，我们的教科书当中、生活当中，乃至日常所思所想，都在受到经典古诗与部分优秀现代诗的无形影响，为什么高考作文不能以诗歌的形式来完成？

1985年，诗人洪烛将要高中毕业的时候，由于热爱文学，数理化成绩一塌糊涂，连高考预考都未通过，只好准备做个“待业青年”。但因为他之前写作并发表了大量诗歌，是全国有名的校园诗人，得到了武汉大学的青睐，被免试录取。毕业后去了北京，成为中国文联出版社的一名编辑。在20世纪80年代，像洪烛这样通过写诗改变命运的校园诗人还有多位。

为什么当年写诗可以免试被大学录取，而现在高考却连诗歌也“容不下”呢？对于高考作文“不得写诗”，有许多说法，有的说写诗门槛太低，只要分了行都算诗；有的说诗写得好不好不容易评价，反倒容易起争议。在我看来，归根结底还是觉得实用主义思想在作祟，觉得写诗没什么用，写议论文、写散文还可以锻炼以后进入单位后写公文的能力，总不至于以后工作后用诗写会议报告、新闻通稿或者领导讲话吧。

凡事有例外，2020年的北京高考语文试卷就例外了一次。这一年的北京高考语文试卷最后一题分为“微写作”和“作文”两项，而“微写作”第三题即是“请为新冠肺炎疫情防控期间的快递小哥写一首小诗或一段抒情文字”，这是明白无误地告诉高考考生了：可以写诗。当时媒体用了这样一个说法来表达心情，“社会各界为之耳目一新”。

但从长远看，高考作文允许写诗，还是个小概率事件。那么，高考作文不提倡写诗，考生们就不能写诗了吗？其实完全没必要有这个担心，只要去除“诗歌”的形式约束，考生们大可以在作文里“写诗”。

之所以给“写诗”打上引号，是想提醒大家，千万不要在有

“不得写成诗歌”这样的提示下，以分行的形式完成考试，而是要对诗歌有更开放的理解。比如“家国情怀总是诗”，你在作文里表达对家园和祖国的热爱，那种饱含着情感汁液的句子，无论分不分行，都是诗句；比如你在作文中写得非常感性的段落，单独挑出来找一下节奏、分一下行，朗读出来就是诗的感觉；诗歌是想象力的产物，当你在作文中发挥想象、挥洒才情的时候，那些句子也一样可以视为诗。

作文可以实现没有诗的形式但却无处不是诗的可能，前提是你要有一颗诗心。诗心往往被形容为赤子之心，往往是最纯粹的、最容易打动人的。带着诗心去写高考作文，相信不但能打动阅卷老师，流传出来一样可以打动读者。语文老师多是诗歌爱好者，阅卷老师也不例外，他们如果在你的作文里感受到了诗歌元素的存在，相信他们骨子里那份对诗歌的热爱也会被激发，从而与你实现更为强烈的共鸣。

我愿意在作文中“写诗”，或者说借助“诗意”来表达自己的观点，这样的写作手法，会给自己的观点包裹上一层情绪的外衣，使得读者更容易接受。比如我在2021年高考作文天津卷中，就写下了这样两个段落：

“纪念日本身也在被时光与记忆磨损着，消耗着。有些纪念日，就这样，成了后视镜中渺小的黑点，和大雾中逐渐逝去的远方。”

“有些纪念日是明亮的，镀着阳光的金色，那是无数双手不断擦拭的结果，它具有鼓舞人心的力量；有些纪念日是郁郁葱葱的，即使少人关注，也会在无人的荒野上野蛮生长，拒绝枯萎；有些纪念日是灰色的，带有些悲伤的‘亚光’，在白天会被忽略，到深夜才被记起……”

读过这本书第二辑的朋友，会很容易发现，我喜欢在作文里加入抒情的成分，也就是说，作文是可以含蓄地写诗的。在作文里写诗，可以让你的文章显得不那么干瘪、生硬，同时也可以调动你的阅读积累，把“文学”成分融入作文当中去。在作文里写诗，更可以洞见写作者的情感、人格等，作者是否“文如其人”，便成为调动阅读者好奇心的一部分。

所以，只要不给你的作文分行，在设定好不跑题的框架之后，大胆地在你的作文里写诗吧。

高考作文十讲之十（代跋）：天下没有难写的高考作文——对待作文，如何做到“战略上藐视，战术上重视”？

经常有人问我，写文章难吗？这要看阶段性。有几年，我觉得写文章太难了，太痛苦了，写一个字都是折磨，写作简直是一件自讨苦吃的职业，远远比不上种地更来得痛快一些。

但这几年，我又觉得，写文章的难，不在于开始动笔写，而在于写之前的无聊、空虚、躲避，只要坐下来、静下来、起好了标题、写完了第一段，那么接下来便顺理成章，一篇文章会很快完成。完成之后的那种愉悦感与成就感，会维持数小时，并转化为写下一篇的动力。

回想我写文章最困难的那段时间，原因无非是不满意自己写的文章的质量，拿过高的标准来要求自己——比如渴望自己能像喜爱的作家写得那么好，这显然是好高骛远了。我喜欢毛姆和菲茨杰拉德，可是每次按照他们的标准去写作的时候，就有一股想找来一把枪自己“结束”了的冲动。

后来想明白了，可以向偶像作家学习与致敬，但没必要每天都沉浸在“追赶不上”的痛苦当中，就算拿枪“结束”了自己，也成不了海明威，不如暂时接受现状，在现有水平上再努力争取向上。

我想把自己的这个经验分享给要走上高考考场的同学们。不要对自己的高考作文抱有不太切合实际的想象，作文这个东西，重在平时积累，不能指望自己平时勉强及格，到了考场上就会灵感爆发拿到接近满分的分数。在展开卷子之前，先要保持良好心态，放低姿态才能放松笔触，发挥正常水平。

人的情绪是可以左右文章的气质的，在焦虑紧张的心态下，很难写出语句流畅、想象丰沛、逻辑扎实的作文，而当你保持平静，甚至拥有一点愉悦心态的话，或能发现自己既能下笔千言又能紧扣命题。咱们是高考学生，在写作文时就不要拿作家的标准来要求自己，在站位上比高考生高一些，比大学生高一些，比有正常价值观的社会人再高一些就足够了，谨慎拿作家、思想家、哲学家的水准来对标自己，否则的话，这篇高考作文你会写得非常痛苦，阅卷老师读了也会非常头疼。

对待高考作文，最好的态度莫过于“战略上藐视，战术上重视”。所谓“战略上藐视”，就是暂且把“作文是语文高考的半壁江山”这一说法忘在脑勺儿后面，不要觉得作文写砸了语文就考砸了，而要把作文当成前面各题均为完成的一次休息与放松。毕竟与前面诸题绝大多数都需要有“正确答案”不一样，作文是不怎么需要“正确答案”的试题，只要在命题之下、框架之内，只要你有所发挥或者发挥正常，基本上都能拿到一个满意的分数。

所谓“战术上重视”，就是在看到题目后，不要忙着下笔，集中精力读懂作文要求，对文章结构进行简单构思，捕捉脑海中闪光的观点或句子，集合吃了小二十年“大米饭”攒下来的生活素材……排兵布阵完成，心里有了一个大概之后，再指挥笔下的文字“冲锋陷阵”。相信在这样的“战术思想”指挥下，你的作文会一气呵成，浑然一体。

有的人爱写散文，有的人爱写议论文，还有的人爱“半文半白”，但高考作文不会因为你的爱好倾向而出题。碰到你熟悉且擅长的体裁固然是好事，假若遇到让你挠头的命题与体裁也不要急得挠头，这或是属于你的一个机会，因为陌生的写作往往会激发出作者的潜在能量。同样，艰涩的题目也会给考生提供一个更为宽泛的写作空间，让考生的文字更能“奔腾”起来。所以，对待艰涩的题目，不要惧怕它，而是要审视它、分析它、瓦解它、消灭它，把它由一个你不擅长写的题目，变成一个你游刃有余便可以完成的题目。

我坚信一点，天下没有难写的文章，同样，天下也没有难写的高考作文。契诃夫说，“大狗叫，小狗也要叫”，经常被文化人拿来当成“我要说话，我要写作”的理由，我们考生不妨也默念这句话，在考场上写出漂亮的好文章。